utb 4857

utb.

Eine Arbeitsgemeinschaft der Verlage

Böhlau Verlag · Wien · Köln · Weimar
Verlag Barbara Budrich · Opladen · Toronto
facultas · Wien
Wilhelm Fink · Paderborn
A. Francke Verlag · Tübingen
Haupt Verlag · Bern
Verlag Julius Klinkhardt · Bad Heilbrunn
Mohr Siebeck · Tübingen
Ernst Reinhardt Verlag · München · Basel
Ferdinand Schöningh · Paderborn
Eugen Ulmer Verlag · Stuttgart
UVK Verlagsgesellschaft · Konstanz, mit UVK/Lucius · München
Vandenhoeck & Ruprecht · Göttingen · Bristol
Waxmann · Münster · New York

Stark fürs Studium

herausgegeben von
Helga Esselborn-Krumbiegel

IRENE WARNECKE

Prüfungsangst bewältigen

Ein Trainingsprogramm in 7 Schritten

FERDINAND SCHÖNINGH

Die Autorin:
Dipl.-Psych. Irene Warnecke ist Psychologische Psychotherapeutin. Neben der Tätigkeit in ihrer eigenen Praxis in Wiesbaden war sie federführend bei der Entwicklung eines E-Beratungsprogramms für Prüfungsangst in der Psychotherapeutischen Beratungsstelle der Johannes Gutenberg-Universität Mainz. Dort forschte sie zudem, im Rahmen einer Kooperation mit der Johann Wolfgang Goethe-Universität Frankfurt am Main, zur Wirksamkeit verschiedener Gruppenprogramme für Studierende mit Prüfungsangst.

Online-Angebote oder elektronische Ausgaben sind erhältlich unter
www.utb-shop.de

Bibliografische Information der Deutschen Nationalbibliothek

Die Deutsche Nationalbibliothek verzeichnet diese Publikation in der Deutschen Nationalbibliografie; detaillierte bibliografische Daten sind im Internet über http://dnb.d-nb.de abrufbar.

Internet: www.schoeningh.de

Herstellung: Brill Deutschland GmbH
Einbandgestaltung: Atelier Reichert, Stuttgart

UTB-Band-Nr: 4857
ISBN 978-3-8252-4857-4

Inhaltsverzeichnis

Einführung: Was du von diesem Ratgeber erwarten kannst

Du kennst diese Situation vielleicht: Du stehst vor einem Raum in der Universität. Deine Hände sind schweißnass, dein Herz klopft bis zum Hals. Hinter der Tür erwartet dich etwas, auf das du dich seit langem vorbereitet hast, aber von dem du nun weißt, dass du es unmöglich schaffen kannst. In deinem Kopf herrscht plötzlich gähnende Leere. Und du hast Angst. Prüfungsangst.

Prüfungsangst ist für viele, vielleicht sogar für die meisten aller Studierenden, ein relevantes Thema. Stärke und Ausprägung dieser Angst können allerdings stark variieren. Auch müssen nicht immer alle Arten von Prüfungen solche Zustände auslösen. Und nicht jeder wird dadurch tatsächlich in seiner Leistungsfähigkeit beeinträchtigt.

Allerdings kann dir die Prüfungsangst in all ihren verschiedenen Ausprägungen Steine in den Weg legen, dich auf deinem Weg zu einem erfolgreichen Studienabschluss behindern. Auch emotional ist sie sehr belastend, was sich allgemein auf dein Wohlbefinden in Leben und Arbeit sowie auf die Vorbereitungen für zukünftige Prüfungen auswirkt.

Dieser Ratgeber richtet sich, da du ihn gerade in der Hand hältst, an dich sowie an alle Studierenden, die von Prüfungsangst betroffen sind. Sein Ziel ist es, dir und allen anderen dabei zu helfen, einen, *deinen* Weg zu finden, die Prüfungsangst zu meistern, sie zu lenken und trotz und mit ihr einen erfolgreichen Studienabschluss zu erzielen.

Dafür sind in diesem Trainingsprogramm sieben Schritte vorgesehen, in denen du deine individuelle Angst verstehen lernen und dir Strategien aneignen kannst, um sie zu bewältigen.

Beim Durchlaufen des Programms kannst du unter anderem folgende Dinge über deine Prüfungsangst lernen:

- was es mit dem Begriff Prüfungsangst auf sich hat (Schritt 1)
- welche Gründe es dafür gibt, dass du persönlich unter Prüfungsangst leidest (Schritt 2)
- welche Aspekte der Prüfung für dich besonders schwierig sind (Schritt 3)
- welche Art der Vorbereitung für dich hilfreich ist (Schritt 4).
- wie du deinen Umgang mit der Prüfungsangst verändern kannst (Schritt 5)
- wie du in der Prüfungssituation Veränderungen umsetzen kannst (Schritt 6)
- wie du nach Prüfungen das Erlebte für deine Weiterentwicklung nutzen kannst (Schritt 7)

Prüfungsangst ist etwas Persönliches. Daher habe ich für diesen Ratgeber als Anrede das „Du" gewählt. Dies soll dir helfen, beim Lesen direkt in die Übungen einzusteigen. Im inneren Dialog mit uns selbst duzen wir uns auch, ein „Sie" kann unnötig Distanz schaffen. Im Text findest du auch immer wieder Platz, um die dir gestellten Fragen kurz schriftlich zu beantworten. Gedanken schriftlich zu fixieren stärkt den Fokus und sorgt dafür, dass du schneller wieder an diesem Punkt des Arbeitsprozesses einsteigen kannst.

Die im Ratgeber gewählten Beispiele sollen eine Idee und einen Überblick zu möglichen Ursachen und dem funktionalen Umgang mit Prüfungsangst bieten. Natürlich wirst du dich nicht in allem was du hier liest wiederfinden.

Ziel des Ratgebers ist auch, dir dabei zu helfen zu differenzieren: Womit habe ich ein Problem und womit nicht? Du wirst beim Bearbeiten des Ratgebers schnell merken, was dich betrifft und welche Übungen hilfreich für dich sind. Bleib im Kontakt mit dir selbst, du wirst deinen Weg durch die Prüfungsangst finden.

Alle Arbeitsblätter aus diesem Buch findest du auch zum Download unter
www.utb-shop.de/9783825248574

Schritt 1: Prüfungsangst – Was ist das?

Viele, wahrscheinlich sogar so gut wie alle Menschen, sind auf eine gewisse Art und Weise aufgeregt oder unruhig, wenn ihre Leistung in einer Prüfung bewertet wird. Das ist verständlich, es handelt sich schließlich um eine Prüfung. Deine Leistung, dein Wissen wird geprüft, und somit in gewisser Art und Weise auch du selbst.

In unserer leistungsorientierten Welt ist das Wort „Prüfung" ein bedeutsamer Begriff, um den sich vieles dreht und mit dem jeder etwas verbindet.

Das Herz schlägt schneller, und sobald man an die Prüfung denkt, fangen die Hände an zu schwitzen. Die meisten Menschen sind unglaublich erleichtert, wenn die Prüfung endlich hinter ihnen liegt. Ein gutes Gefühl. Für andere ist nach der Prüfung vor der Prüfung. Die nächste Herausforderung wartet schon an der nächsten Ecke. Sie haben das Gefühl, aus dem Kreislauf, dem „Teufelskreis", nicht mehr herauszukommen. Meistens hängt Einiges von dem Ergebnis der Prüfung, also ihrem Bestehen, ab: die Fortführung des Studiums, der Platz im Master-Studiengang oder die Erfüllung des Berufswunsches, um nur einige Beispiele zu nennen.

Die Aufregung allein ist nicht das Kernproblem, wenn wir von Prüfungsangst sprechen. Es bleibt bei dem Betroffenen leider nicht bei einer bloßen Aufgeregtheit. In diesen Fällen ist das Ausmaß weitaus größer: Die Betroffenen haben richtige Angst vor der Prüfung. Angst, die sich bis zur Panik steigern kann. Diese Angst beginnt oft schon im Zeitraum der Prüfungsvorbereitung, erschwert diese und steigert sich weiter bis zur tatsächlichen Prüfungssituation. Bei manchen Betroffenen wird sie so groß, dass sie die Prüfung erst gar nicht antreten. Der Körper reagiert oft in einem belastenden Ausmaß. Konzentrieren fällt schwer, Schwindelgefühle – und diese Zweifel an der eigenen Fähigkeit. Wie soll ich es schaffen, die Prüfung gut zu meistern?

Wenn dann, nach dem tatsächlich erfolgreichen Bestehen der Prüfung, die Prüfungsnote trotzdem nicht der eigenen Erwartung standhält, stellt sich erneut Unzufriedenheit ein. Die eigene Leistungsfähigkeit wird wiederholt in Frage gestellt. Die „schlechte Note" wird dann oft als Beweis dafür angesehen, dass man es „ja doch nicht kann". Dies wirkt sich negativ auf das eigene Selbstbild aus. Es wird bei dieser Art von Umgang mit dem Misserfolg oft damit gerechnet, auch zukünftig schlecht, also unter der eigenen Erwartung, abzuschneiden. Und damit wird, verständlicherweise, die Angst vor zukünftigen Prüfungssituationen verstärkt.

Nicht selten wird die gesamte eigene Person wegen des „schlechten" Abschneidens in der Prüfung abgewertet: „Ich bin ein Versager." Dies kann auch in anderen Bereichen des Lebens zu Unsicherheiten führen. Das „Versager-Bild" überträgt sich in diesen Fällen leicht auf andere Themen. Hier wäre es wichtig, eine differenzierte Betrachtung der Situation vorzunehmen. Dies ist in diesem emotional aufgewühlten Zustand nachvollziehbarerweise extrem schwer.

In der Prüfungssituation selbst kann es dazu kommen, dass nicht nur der Prüfling einen negativen Blick auf die eigene Person wirft, sondern auch davon ausgeht, dass der Prüfer ihm mit wenig Wohlwollen begegnen wird. Es besteht somit oft eine von vornherein negativ gefärbte Sicht auf die gesamte Prüfungssituation. Je nachdem, welche Aspekte der Prüfung als besonders bedrohlich wahrgenommen werden, tritt Prüfungsangst sowohl vor, als auch während der Prüfung auf. Dies bedeutet, dass bei manchen Betroffenen bereits Monate vor der eigentlichen Prüfung die Alarmglocken läuten und die Anspannung steigt. Das kann bereits die Prüfungsvorbereitung, sowie das Lernen und die Erwartungshaltung negativ beeinflussen.

In Fällen, in denen die Prüfungsangst sehr ausgeprägt ist, die Ängste also auch weitere zwischenmenschliche Situationen betreffen, sich nicht nur auf die Prüfungen an sich konzentrieren, kann es sinnvoll sein, einen Psychotherapeuten aufzusuchen, um mit professioneller Hilfe die Symptomatik zu überwinden.

Wenn deine Ängste weniger stark ausgeprägt sind, kann dir dieser Ratgeber sicher weiterhelfen. Er wird dich auf der Suche nach den Faktoren deiner eigenen, individuellen Prüfungsangst begleiten und dir Hilfestellungen an die Hand geben.

Darüber hinaus gibt es an vielen Universitäten die Möglichkeit, sich in psychotherapeutischen Beratungsstellen zu dem Thema Prüfungsangst Unterstützung zu holen.

Bevor wir nun beginnen, uns deine Prüfungsangst genauer anzuschauen, zunächst ein paar wichtige Informationen zum Thema Angst:

Angst ist zunächst ein wichtiges, sogar notwendiges Gefühl. Sie ist ein Erbe unserer Urahnen, die relativ ungeschützt in einer ursprünglichen, wilden Welt zuhause waren und täglich ums Überleben kämpften. Angst schärft die Sinne, um in Gefahrensituationen angemessen reagieren zu können. Sie entsteht, um uns zu warnen. Oft nehmen wir unbewusst bestimmte Aspekte wahr, die uns signalisieren: "Aufgepasst! Hier lauert Gefahr!"

Der Begriff Angst wird zumeist verwendet, wenn es sich um ein eher unbestimmtes Gefühl handelt. Bezieht sich das Gefühl auf etwas konkret Fassbares wie ein Objekt, wird häufiger von Furcht gesprochen. Wann und warum wir Angst verspüren, ist nicht immer rational begründbar.

Obwohl der Begriff „Prüfungsangst" sich auf eine bestimmte Situation bezieht, können die Aspekte, die hierbei angstauslösend wirken, für den Betroffenen äußerst unklar sein.

Dieser Ratgeber soll dir dabei helfen, ein differenzierteres Bild von deiner Prüfungsangst zu bekommen.

Evolutionsgeschichtlich haben wir es bei der Angst also mit einem Schutzmechanismus zu tun. Doch wieso wird dieser nun in einer Prüfung aktiviert?

In der heutigen Welt haben sich die Dinge, die für uns gefährlich sind, sehr gewandelt. Auch das Gefährliche an den Situationen ist von anderer Qualität. Während früher noch der Säbelzahntiger unsere Wege kreuzte, ist heute eine Prüfungssituation bedrohlich. In einer Prüfung wird zwar unser Leben nicht direkt bedroht, aber sie kann dennoch Angst bis hin zu Panik auslösen. Wie ist dies möglich? Was macht die Prüfung zu solch einer Bedrohung?

Eine Prüfung entscheidet oft über das zukünftige Leben. Sie ist mit Erfolg oder Misserfolg direkt verbunden. Durchzufallen bedeutet im Extremfall, den erstrebten Beruf nicht ausüben zu können. Außerdem stellt es ein Scheitern dar: Ein Ziel, mein eigenes Ziel, wurde nicht erreicht. Dies schlägt nicht nur auf den Magen, sondern auch auf den Selbstwert. Und zwar ordentlich.

Der Wert, den wir uns selbst zuschreiben, beeinflusst nicht unbedeutend unseren eigenen, zukünftigen Erfolg. Ein Teufelskreis! Auch ist es für uns Menschen als soziale Wesen wichtig, wie wir gegenüber den anderen dastehen. Schlechter abzuschneiden als die Kommilitonen, das kann als sehr belastend empfunden werden. Und was dann noch die Familie dazu sagen wird...

Generell gilt: Wenn eine Situation für den Menschen eine Belastung darstellt, analysiert man die Situation anhand verschiedener Ebenen. Und zwar unterscheidet man in der Psychologie zwischen den körperlichen Reaktionen, den Gedanken, den Gefühlen und dem Verhalten der betroffenen Personen in der jeweiligen Situation.

Dies hat den Hintergrund, dass nicht alle Menschen auf dieselbe Situation gleich reagieren. Wir sind Individuen, dem soll Rechnung getragen werden. Person A ist vielleicht aufge-

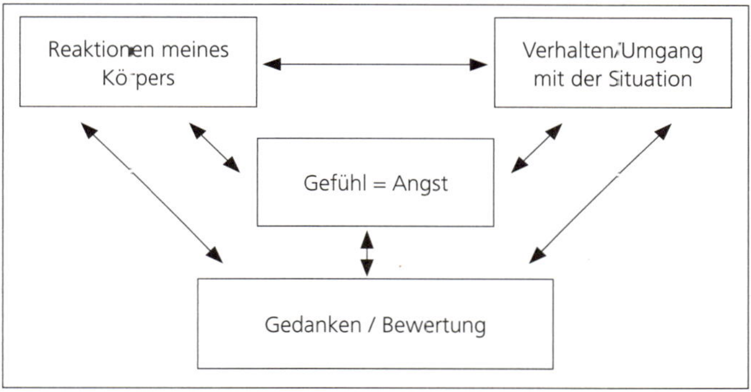

Abbildung 1: Unsere Reaktionen beeinflussen sich gegenseitig

regt, geht aber selbstbewusst in die Prüfung und macht sich nur wenig Gedanken um das ganze Drumherum. Hingegen stellt für Person B die Prüfung eine große Herausforderung dar, so groß vielleicht, dass sie vor lauter Angst die Prüfung gar nicht erst antritt. Die Prüfung und der Prüfer sind als Ausgangssituation hingegen gleich. Dies kann zumindest angenommen werden. Natürlich kann es hier auch Unterschiede geben, je nach Interaktion und Sympathie der Beteiligten untereinander. Aber dazu später mehr. Aus der bisherigen Annahme, dass sich die Situation an sich nicht unterscheidet, die Reaktionen von Person A und Person B auf diese aber sehr wohl, kann gefolgert werden, dass Prozesse im jeweiligen Individuum für die unterschiedlichen Reaktionen und Bewertungen verantwortlich sind. Diese wollen wir uns im Folgenden genauer anschauen.

Was genau passiert in unserem Körper eigentlich bei Angst? Angst soll uns ja eigentlich dabei helfen, auf eine Gefahrensituation entsprechend sinnvoll reagieren zu können. Die Sinne werden geschärft, körperliche Reaktionen werden aktiviert, dass heißt, der Körper wird so vorbereitet, dass wir im Gefahrenfall unser Überleben sichern können. Grundsätzlich mögliche Reaktionen sind unter anderem Kampf oder Flucht. Diese wollen vorbereitet werden, dass heißt, dass dafür Energie bereitgestellt werden muss. Dabei unterstützen uns sogenannte Stresshormone, unter anderem Adrenalin.

Für eine erhöhte Aufmerksamkeit kommt es zur Erweiterung der Pupillen, die Nerven fürs Sehen und Hören werden empfindsamer. Die Lungenflügel arbeiten auf Hochtouren, um so viel Sauerstoff wie möglich aufnehmen zu können. Die Venen in der Haut verengen sich, um die Hauptmuskelgruppen rascher mit sauerstoffreichem Blut versorgen zu können. Um schneller reaktionsbereit sein zu können, erhöht sich die Muskelanspannung, womit den Muskeln Energie bereitgestellt wird. Herzfrequenz und Blutdruck erhöhen sich, der Atem wird flacher und geht schneller. Bei einem Angstzustand werden auch die Verdauungsprozesse kurzzeitig lahmgelegt, damit der Körper für die Notfallreaktionen mehr Reserven zur Verfügung hat.

In diesem Zusammenhang schwitzen oder zittern manche Menschen, auch Schwindelgefühle können auftreten. Übelkeit und Atemnot können weitere Symptome sein, wenn die körperlichen Reaktionen sehr stark sind und die Energie nicht zeitnah genutzt werden kann. Wenn wir dann tatsächlich weglaufen oder kämpfen, wird die bereitgestellte Energie allerdings gut genutzt. Sobald wir in Sicherheit sind, regulieren sich die körperlichen Prozesse wieder zurück zum Normalzustand. Es ist leicht, sich vorzustellen, dass die oben genannten Symptome, insbesondere wenn sie häufiger auftreten und die Energie nicht vollständig genutzt werden kann, indem sie zum Beispiel durch Bewegung verbraucht wird, sehr belastend werden können.

In Prüfungssituationen ist oft wenig körperliche Aktivität gefragt, allerdings ein hohes Ausmaß an Konzentration. Insofern hilft es uns, wenn wir durch die physiologischen Prozesse im Zusammenhang mit unserer Aufregung besser sehen und hören können. In einer Sportprüfung würde uns auch die bessere Versorgung der Muskeln mit Sauerstoff zugute kommen. Zittern und Übelkeit hingegen machen nicht nur die Konzentration auf den Prüfungsinhalt sehr schwierig. Aufgrund dessen kann man annehmen, dass eine mittlere körperliche Anspannung, beziehungsweise Angst, im Sinne von körperlichen Angstsymptomen für die Leistungsfähigkeit am hilfreichsten ist (vgl. z. B. Hanin, 1997; Hanin, 2000).

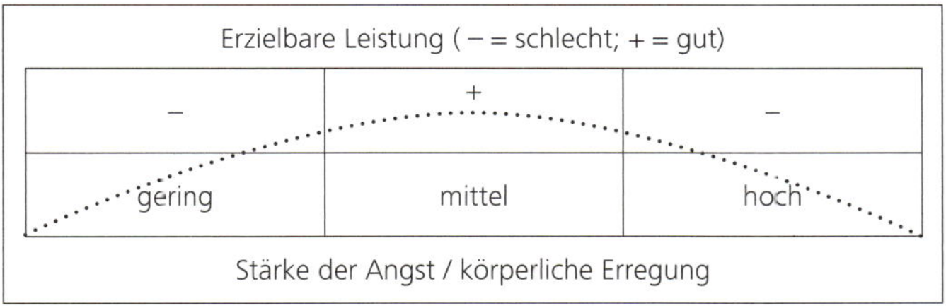

Abbildung 2: Zu aufgeregt ist nicht gut

Neben den körperlichen Prozessen spielt auch eine große Rolle, wie wir die Prüfungssituation bewerten, also, was wir dabei denken. Dies hat selbstverständlich viel mit den Erfahrungen zu tun, die wir in der Vergangenheit gemacht haben und mit den Erwartungen, die wir an unseren Erfolg in der Prüfung haben. Die Prüfungssituation wird automatisch bewertet, Angstgedanken treten unvermittelt auf. Das heißt, es ist uns zunächst nicht unbedingt bewusst, was wir denken. Oft nehmen wir lediglich das Gefühl der Angst wahr. Je mehr Angstgedanken wir haben, umso hinderlicher ist dies in der Regel für unsere Leistungsfähigkeit. Wir sind dann in Gedanken anderweitig beschäftigt, hängen in der Angst fest und können uns nicht gut auf die Prüfung konzentrieren.

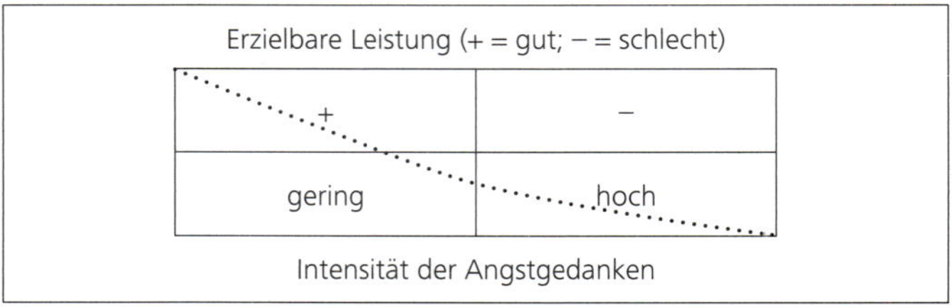

Abbildung 3: Umso weniger Angstgedanken, desto mehr Leistung

Neben dem Kampf spielt die Flucht als evolutionsgeschichtlich wichtige Reaktionsweise eine große Rolle im Zusammenhang mit dem Gefühl der Angst. Studierende mit Prüfungsangst kennen zumeist den Wunsch, aus der Prüfung zu fliehen oder die Prüfung erst gar nicht anzutreten, vorher schon davor wegzulaufen. Dies führt natürlich nicht dazu, dass die Angst weniger wird oder man sein Studium erfolgreich bewältigen kann. Diesem Gedanken, also dieser Bewertung einer Situation, kommt im Gegenteil oft eine die Angst verstärkende Wirkung zu. Das bedeutet: Wenn wir eine Prüfung als bedrohlich oder gefährlich einstufen, werden wir erst richtig ängstlich.

Um zu verstehen, warum es uns in Angstsituationen besonders schwerfallen kann, die Reaktionen unseres Körpers unter Kontrolle zu bringen, ist es wichtig, die automatische Alarmreaktion unseres Körpers etwas genauer zu beleuchten: Hans Selye, der sogenannte „Vater der Stressforschung" stellte schon in den 1930er Jahren fest, dass unser Körper auf so genannte „Stressoren" auf spezifische Art und Weise reagiert (vgl. Selye, 1953). Ein Stressor kann zum Beispiel ein Aspekt in unserer Umwelt sein, der Angst auslöst. Wie in unserem Fall eine Prüfung.

Im Körper kommt es nun zur automatischen Reaktion des autonomen Nervensystems. Körperliche Reaktionen, die auftreten können, haben wir weiter oben schon genannt.

Das autonome Nervensystem wird direkt aktiviert, ohne Zwischenschaltung des Verstandes. Das heißt, die Reaktion unseres Körpers unterliegt dann leider nicht mehr dem Einfluss unseres Willens. Wenn dann in der Situation mit Kampf oder Flucht reagiert werden kann, wenn also die vom Körper bereitgestellten Ressourcen adäquat genutzt werden können, dann reguliert sich das Alarmsystem wieder von selbst in den Ausgangszustand zurück. Wie oben bereits angemerkt, wird dies schwieriger, wenn die „Gefahr" nicht abnimmt oder kein angemessener Umgang, keine passende Reaktion, gefunden werden kann. Wenn diese Alarmreaktion erst einmal aktiviert ist, dann ist der gesamte Organismus zunächst einmal physiologisch im Überlebenskampf „gefangen". Die Aufmerksamkeit ist allein auf die Bedrohung und deren Beendigung, durch beispielsweise Flucht, gerichtet. Erst wenn die Gefahr sich auflöst, hat der Betroffene wieder die Möglichkeit, die Situation in Ruhe zu betrachten, sich selbst und seine eigenen Gedanken bewusst zu erleben und zu bewerten, sowie vom Verstand gesteuerte Entscheidungen zu treffen.

Die Alarmreaktion wird unbewusst ausgelöst, also unabhängig davon, ob uns bewusst ist, dass wir Prüfungen mit Gefahr assoziieren. Das heißt, wir können die erste Reaktion unseres Körpers nicht zwingend direkt unterbinden.

„Muss ich jetzt also vor einer Prüfung immer Angst haben?" fragst du dich vielleicht jetzt.

„Jein." ist die klare Antwort.

Wie bereits erwähnt sind eigentlich alle Menschen vor einer Prüfung zunächst aufgeregt oder zumindest etwas nervös. Das Maß der Aufregung ist dann im Zusammenspiel mit der Bewertung der Situation bedeutsam für die Bewältigung. Bezüglich des Ausmaßes der Angst können wir also sehr wohl Einfluss nehmen. Diese Bewertung können wir willentlich verändern. Es ist uns nur nicht immer möglich, direkt vor der

Alarmreaktion des Körpers bewusst unseren Umgang mit der Situation zu steuern und die körperlichen Prozesse zu regulieren, bevor sie überhaupt starten. Bewusstseinsvorgänge benötigen im Gehirn mehr Zeit als die automatisch vermittelte Alarmreaktion. Diese zwei Prozesse sollten daher parallel laufen. Es ist wichtig zu lernen, die eigene Alarmreaktion immer wieder herunter zu regulieren und bewusst die aktuelle Situation auf tatsächliche Gefahren zu untersuchen, abzuklopfen. Dadurch kann es dann langfristig zu einem veränderten Umgang mit der Prüfungssituation kommen, und auch die Stärke der körperlichen Reaktionen auf diese Situation kann im Laufe der Zeit abnehmen.

Wichtig ist für die meisten, dass der Oberbegriff „Angst" aus dem Prüfungskontext verschwindet. Mit einer bloßen, relativ normalen und weitverbreiteten „Aufregung" kannst du vermutlich leben lernen, oder? Es geht also vorrangig um die Bewertung der Prüfungssituation.

Im Zusammenhang mit Prüfungen wird manchmal auch von einem sogenannten „Blackout" gesprochen. Das ist ein mögliches und von prüfungsängstlichen Personen als sehr bedrohlich empfundenes Phänomen im Zusammenhang mit Leistungssituationen. Aber anders als oft vermutet trifft das Blackout nicht nur prüfungsängstliche Menschen. Ein Blackout ist ein kurzfristiger Gedächtnisverlust, der in Situationen höchster geistiger Anstrengung entsteht, in Folge einer starken Erregung. Solche Aussetzer können jeden treffen, unabhängig von der Qualität der Prüfungsvorbereitung, der Routine, der Nervosität etc. Auch geübte Redner sind gelegentlich davon betroffen. Bei einem solchen Aussetzer kann das Gelernte kurzfristig nicht aus dem Gedächtnis abgerufen werden. In solchen Situationen ist es wichtig zu lernen, die Anspannung zu reduzieren und die Situation realistisch zu bewerten. Ein Blackout kann relativ schnell überwunden werden und führt nicht generell zum absoluten Vergessen des zuvor so mühsam erarbeiteten Stoffes. Und somit auch nicht generell zum Scheitern in der Prüfung.

Diese Informationen zu den Themen Angst, Prüfungsangst und den begleitenden Aspekten zugrunde gelegt, ist der erste Schritt auf deinem Weg zur Bewältigung der Prüfungsangst getan. Du hast nun eine Idee davon bekommen, was in deinem Körper passiert, welche Prozesse dort ablaufen, wenn du in Angst gerätst. Du weißt, welche Ebenen beteiligt sind und dass viele Dinge von dir selber beeinflusst werden können, sobald du dich damit auseinandersetzt.

Dieser Ratgeber soll dir nun weiter dabei helfen, einen bewussten Umgang mit den Prozessen zu üben, die du in deinen Prüfungssituationen erlebst. Wieder „Herr der eigenen Lage" zu werden, ist das Ziel. Du wirst vermutlich in deiner nächsten Prüfung im ersten Augenblick weiterhin aufgeregt sein, aber es ist möglich, langfristig zu lernen, nicht mehr in starke Angst oder gar in Panik zu verfallen. Angst und Panik bringen dich nur weiter weg von der Möglichkeit, mit deinem Verstand und deinen Sinnen die Situation angemessen zu überprüfen und tatsächliche Gefahren von vermeintlichen zu unterscheiden. Dafür ist es wichtig, auf den unterschiedlichen Ebenen anzusetzen: Körper, Gedanken, Gefühl und Verhalten. Auf allen vier Ebenen finden Prozesse statt, welche die Prüfungssituation letztendlich scheinbar unerträglich werden lassen. Und an allen Ebenen kann man arbeiten.

Konkrete Strategien, um mit den Gedanken, Gefühlen und körperlichen Reaktionen sowie mit Phänomenen wie dem Blackout in der Prüfungssituation umzugehen, werden in Schritt 5 vorgestellt.

Schritt 2: Warum ich? – Gründe für Prüfungsangst

2.1 Der hohe Anspruch
2.2 Negative Prüfungserfahrungen
2.3 Soziale Unsicherheiten
2.4 Deine Geschichte

Wie du bereits erfahren hast, ist nicht jeder Studierende von Prüfungsangst gleichermaßen betroffen. Jeder wird individuell unterschiedlich stark dadurch beeinträchtigt. Zu der Häufigkeit, mit der Studierende von Prüfungsangst betroffen sind, liegen keine eindeutigen Zahlen vor. Das Thema „Prüfungsangst" wird in Studien ganz unterschiedlich erfasst, dies führt auch zu unterschiedlichen Häufigkeitswerten. Es finden sich jedoch Angaben, die davon ausgehen, dass bis zu der Hälfte der Studierenden unter Prüfungsangst leidet. Dies wäre bei fast drei Millionen Studierenden in Deutschland eine recht beträchtliche Zahl. Selbst, wenn tatsächlich weniger Menschen betroffen sind, ist klar, dass Prüfungsangst unter Studierenden keine Seltenheit ist. Doch wie entsteht sie? Und warum bist du davon betroffen?

Natürlich spielt neben den biologischen Aspekten der Angst, die uns alle betreffen, immer eine wichtige Rolle, was wir persönlich im Laufe unseres Lebens zum Thema Angst gelernt haben. Hierbei hat es vermutlich auch einen Einfluss, wie ängstlich unsere eigenen Eltern waren und welchen Umgang mit Gefühlen der Angst sie uns beigebracht haben. Wurdest du beruhigt und getröstet oder waren deine Eltern genauso in Angst gefangen, wie du heute selbst in der Prüfungssituation? Auch weitere individuelle Erfahrungen und Erlebnisse können eine bedeutende Rolle spielen. Selbst wenn du diese nicht immer direkt mit dem Thema „Angst" und vor allem nicht mit dem Thema „Prüfung" in Verbindung bringen kannst.

Dieses Kapitel soll dir bei der Suche nach möglichen Ursachen deiner Prüfungsangst helfen. Nicht selten spielen frühere Prüfungserfahrungen eine gewichtige Rolle. Oft ist es jedoch schwer, die eigene Prüfungsangst zu konkreten früheren Erlebnissen in Bezug zu setzen. Die Ursachen von Prüfungsangst sind individuell, vielfältig und nicht immer leicht zu benennen. Dennoch ist es möglich, Hinweise zu finden, warum du betroffen bist. Faktoren, die im Zusammenhang mit starker Prüfungsangst oft genannt werden sind mangelndes Vertrauen in die eigene Person und/oder die eigenen Fertigkeiten. Auslöser dafür können bereits in früher Jugend oder Kindheit liegen.

Generell gilt ein ausgewogenes Selbstvertrauen als Basis, um gut durch das Studium und, in Folge, auch durch das Leben zu kommen. Es hilft bei der Bewältigung von Prüfungsangst, beziehungsweise schützt davor, starke Prüfungsangst zu entwickeln. Es gibt Hinweise darauf, dass Menschen mit einem schlechten Selbstwert dazu neigen, sich selbst die Schuld zu geben, wenn etwas nicht gut läuft (vgl. z. B. Brown & Dutton, 1995). Dies sorgt in der Folge dafür, dass sie sich selbst als weniger kompetent erleben. Sie neigen eher dazu, sich deprimiert zu fühlen. Sie schauen häufiger pessimistisch in die Zukunft und sind anfälliger für Fehlschläge. Man spricht auch von einem Teufelskreis des negativen Selbstwertes: Negativer Selbstwert führt zu negativen Erwartungen. Dadurch wird wenig Einsatz betrieben und oft starke Angst erlebt. In der Folge kommt es zu Misserfolg. Die Person gibt sich dann selbst die Schuld dafür, dadurch wird der Selbstwert wiederum geringer bzw. bleibt gering.

Menschen mit einem positiven Bild von sich selbst zeigen hingegen eine Tendenz zu einem glücklichen, gesunden, produktiven und erfolgreichen Leben. Dies sind zugegebenermaßen sehr pauschale Aussagen, die nur die zwei Extreme auf der Dimension „Selbstwert" beschreiben. Die meisten Menschen befinden sich mit ihrem Selbstbild irgendwo dazwischen.

Theorien gehen davon aus, dass unser Streben nach einem guten Selbstwert dadurch bedingt ist, dass wir soziale Wesen sind und uns mit anderen verbunden fühlen möchten. Wir möchten wertvolle Mitglieder unserer Gesellschaft sein. Unser selbst wahrgenommener Selbstwert gibt uns quasi einen Hinweis darauf, wie wir in den Augen anderer erscheinen, ob wir wertvoll für die Gemeinschaft sind. Dabei stimmt unsere eigene Wahrnehmung nicht automatisch mit der Wahrnehmung der anderen überein. Wenn du beispielsweise denkst, der Prüfer halte dich für unwissend, oder du dir sicher bist, dass du das Wissen nicht gut wiedergeben kannst. Oder falls du glaubst, dass du gar nichts weißt. Der Prüfer muss dies nicht genauso sehen und erleben. Es ist sogar meistens so, dass wir in den Augen anderer weniger negativ erscheinen, als wir es uns selbst zuschreiben.

Eine weitere gute Nachricht ist, dass unser Selbstwert kein auf Dauer festgelegtes Konstrukt ist, sondern sich im Laufe unseres Lebens und unserer Erfahrungen verändern kann. Wir können sogar aktiv daran arbeiten, dass sich unser Selbstwert verbessert. In diesem Zusammenhang ist hilfreich zu verstehen, dass unser Selbstkonzept aus vielen Aspekten besteht. Nicht nur das Studium oder die Leistung in diesem spielt eine Rolle bezüglich unserer Selbstbewertung. Ob wir uns zum Beispiel als guten Freund und Zuhörer verstehen, kann ein weiterer Aspekt sein. In manchen Bereichen bewerten wir uns daher vielleicht bereits deutlich positiver als in anderen. Darauf kann man aufbauen. Das Wichtigste ist, dass du dir bewusst machst, dass du deinen Selbstwert verbessern kannst. Strategien bekommst du in Schritt 5 vermittelt.

Neben dem Selbstwert gibt es noch andere Faktoren, die zu der Entwicklung starker Prüfungsangst beitragen können. Im Folgenden findest du Beispiele anderer Studierender sowie Fragen und Übungen, die dich bei der Entdeckung deiner persönlichen Gründe unterstützen können. Oft ist es leichter kritische Aspekte in der eigenen Entwicklung zu erkennen, wenn man sich mit den Erfahrungen anderer auseinandersetzt. Dabei kann man Parallelen und auch Unterschiede zur eigenen Biografie oft klarer ausmachen. Auch können einem Erlebnisse ins Auge fallen, die eine Relevanz für die eigene Problematik haben, obwohl man sie zuvor als Auslöser gar nicht in Betracht gezogen hatte.

> Was kannst du für deinen Erkenntnisprozess aus den folgenden Beispielen ziehen? Wo erkennst du dich wieder? Wo geht es dir ähnlich oder auch ganz anders? Fallen dir bei der Lektüre der Beispiele noch weitere Situationen aus deiner Vergangenheit ein?

2.1 Der hohe Anspruch

Vor mir liegt das Blatt mit den Klausurfragen und in meinem Kopf fangen die Gedanken an zu rasen. Wie soll ich das alles in der kurzen Zeit schaffen? Wo fange ich am besten an? Wie soll ich das formulieren? Das muss gut werden! Ich darf nicht versagen!
Mir fallen die Worte nicht ein. Um mich herum sind bereits alle am Schreiben. Oh nein, ich muss mich beeilen. Mir wird übel und ich möchte am liebsten den Raum sofort verlassen.
Sophie, 24 Jahre, Studentin der Rechtswissenschaften

Wie Sophie geht es auch anderen Studierenden. In ihrem Kopf kreisen viel zu viele Gedanken rund um die Prüfungssituation. Anstatt sich mit den Fragen der Klausur zu beschäftigen und sich darauf zu konzentrieren, ist ihr Denken damit beschäftigt, wie es überhaupt zu schaffen ist, und vor allem, dass das Ergebnis unbedingt gut werden muss. Wie kommt das?

Es liegt auf der Hand, dass dies hinderlich ist, während Sophie sich doch eigentlich auf die gestellten Fragen einstellen sollte. Anderen Studierenden gelingt es hingegen, sich überwiegend auf die Prüfungsfragen zu konzentrieren. Was macht diesen Unterschied aus?

Sophie setzt gerade dies noch weiter unter Druck: „Um mich herum sind bereits alle am Schreiben.“ Sie vergleicht sich also mit ihren Kommilitonen.

Sophie ist es besonders wichtig, dass das Ergebnis ihrer Klausur sehr gut ist. Wahrscheinlich hat sie bereits eine Note im Kopf. Sie möchte nicht versagen. Woher kommt diese Angst? Welche Erlebnisse in Sophies Vergangenheit können Erklärungsansätze für ihre Befürchtungen liefern?

In meiner Familie war es immer sehr wichtig, gut in der Schule zu sein. Für Einser habe ich immer 5 Euro von meinem Vater bekommen. Ich war eine sehr gute Schülerin. Wenn ich als Beste in einer Klassenarbeit abgeschnitten habe, war mein Vater immer besonders stolz. Mein großer Bruder hingegen war schlecht in der Schule. Ich habe oft mitbekommen wie mein Vater ihn angeschrien hat, wenn er eine Drei mit nach Hause gebracht hat. Das war wirklich unangenehm. Im Jurastudium gibt es leider keine Einser mehr. Darüber wird Zuhause auch oft diskutiert. Ich erkläre immer, dass ich aber trotzdem zu den Besten in meinem Jahrgang gehöre. Ich möchte später unbedingt ein Prädikatsexamen schreiben.

Nachvollziehbar, dass Sophie gerne weiterhin so erfolgreich sein möchte. Die Beziehung zu ihren Eltern ist ihr sehr wichtig und sie hat Angst, sie zu enttäuschen. Wie viele andere Menschen wünscht sie sich, dass ihre Angehörigen stolz auf sie sind. Kinder haben gewisse Grundbedürfnisse, die sich auch bis ins Erwachsenenalter nicht verändern (vgl. z. B. Young & Klosko, 2012). Zu diesen Bedürfnissen gehört das Bedürfnis nach Zugehörigkeit und Wertschätzung. In Familien, und so scheint es sich bei Sophie verhalten zu haben, in denen Wertschätzung und Anerkennung zu einem gewichtigen Anteil von der Leistung in Schule, Sport oder Ähnlichem abhängig gemacht werden, kann sich ein hoher Anspruch an die eigene Person und Leistungsfähigkeit entwickeln. Belohnungen für gute Leistungen sind generell nichts Verkehrtes, allerdings ist es wichtig, dass Kinder auch dann spüren, dass sie geliebt und angenommen sind, wenn die Leistung mal nicht so überragend ausfallen sollte. Wir sind alle nur Menschen und keine Maschinen, und selbst Maschinen haben einmal Ausfälle und müssen regelmäßig gewartet werden. Zuneigung sollte nicht von Leistung abhängig gemacht werden. Jeder Mensch möchte und sollte geliebt werden, einfach nur weil er so ist wie er ist: ohne Bedingungen!

Ein hohes Leistungsmotiv kann auch Motor und Motivator sein, um sich diszipliniert mit dem Lernen der Studieninhalte zu befassen. Letztendlich geht es aber immer darum, eine Balance zu schaffen und den Selbstwert nicht einseitig auf nur einen Aspekt bzw. eine Säule zu stützen. Am sichersten stehen wir in unserem Leben dann, wenn nicht nur unser beruflicher Erfolg bestimmt, ob wir uns selbst gut bewerten, sondern wir uns unabhängig von dem Aspekt „Leistung“ akzeptieren.

Ein weiteres kindliches Grundbedürfnis ist das Bedürfnis nach bedingungsloser Liebe. Im Erwachsenenalter bedeutet dies auch, sich selbst bedingungslos zu akzeptieren. Das ist leichter gesagt als getan. Du hast aber in deinem Leben bestimmt Bereiche, in denen du dich mit dir wohlfühlst, ohne dass du dir irgendetwas beweisen musst. Hobbies zum Beispiel. Vielleicht tut es dir gut, einfach mal nur Musik zu hören, ein gutes Buch zu lesen, oder mit deinen Freunden Zeit zu verbringen. Es geht um den Ausgleich, darum, auch andere Dinge im Leben zu haben, die sich gut anfühlen und in denen du dich mit dir selbst wohlfühlst. Dieser Punkt kann insbesondere in der Prüfungsvorbereitung eine gewichtige Rolle einnehmen. Wenn der Leistungsdruck auf die eigene Person zu groß wird, kann es zu vermehrter Prüfungsangst kommen. Langfristig schädlich ist diese Angst dann, wenn der eigene Selbstwert ausschließlich von den Noten abhängt. Das heißt in unserem Beispiel: Sophie fühlt sich als Gesamtperson wertlos, wenn sich ihre Notenwünsche nicht erfüllen. In einem Fall wie diesem ist es wichtig zu lernen, den eigenen Selbstwert neu und möglichst unabhängig von den Leistungen zu definieren. Dazu ist es, wie oben erwähnt, förderlich, wenn der Selbstwert auf mehreren Säulen fußt. Mehr dazu erfährst du in Schritt 5.

Wie aber umgehen mit den Erwartungen der Familie und unserer Prägung? Sich völlig davon freizumachen ist natürlich schwierig. Wenn es zudem, wie in Sophies Fall, immer wieder zu Diskussionen in der Familie kommt, wenn die Noten „nicht stimmen", wird es umso schwieriger, sich von den Erwartungen der anderen zu distanzieren. Wenn dies innerhalb der Familie denkbar ist, kann ein offenes Gespräch helfen. Man kann die Familienmitglieder über den Druck, den man sich selbst bereits macht, aufklären und darum bitten, dass diese eher unterstützend zur Seite stehen und nicht noch mehr Druck von außen aufbauen. In Sophies Fall kann es vielleicht auch hilfreich sein, mit ihrem Bruder über sein Empfinden und seine Wahrnehmung der Familienregel: „Nur Leistung zählt!" zu sprechen. Da er scheinbar oft die „Buhmann-Rolle" inne hatte, hat er vielleicht Strategien entwickelt, um sich von den

Erwartungen der Eltern abzugrenzen und seinen Selbstwert zu schützen. Voneinander zu lernen ist immer ein guter Weg. Außerdem fühlt man sich weniger allein und hilflos, wenn man seine Sorgen mit jemandem teilen kann.

Wenn Gespräche mit den Familienmitgliedern nicht denkbar sind oder nicht zu einer Veränderung führen, bleibt nur, innerlich für sich selbst einen anderen Umgang mit den Erwartungen der Familie zu finden. Dies geschieht unter anderem, indem man das eigene Wohlbefinden und nicht die pure Leistung in den Mittelpunkt rückt. In der Phase der Prüfungsvorbereitung und auch in der Prüfungssituation. Das bedeutet allerdings nicht, nichts mehr zu lernen und somit die Auseinandersetzung mit der Prüfung zu vermeiden. Im Gegenteil: Es geht eher darum, sich gut vorzubereiten und währenddessen immer wieder zu überprüfen, ob den eigenen Bedürfnissen ausreichend Rechnung getragen wird.

Abschließend ist wichtig zu sagen, dass es nicht darum geht, gar keinen Anspruch an die eigene Leistung und das Abschneiden in Prüfungen zu haben. Wir leben selbstverständlich in einer leistungsorientierten Gesellschaft und unser Bildungssystem baut auf dem Prinzip, Prüfungen zu absolvieren auf. Dem kann man sich nicht entziehen und das ist auch nicht notwendig. Sicher tut es uns und unserem Selbstwert auch gut, wenn wir Prüfungen erfolgreich absolvieren und auf unserem beruflichen Weg voranschreiten. Um einen Platz in bestimmten Studienfächern zu ergattern oder einen Master-Studienplatz zu bekommen, sind oft sogar bestimmte, „gute" Noten Pflicht.

Das Wichtigste im Moment der Prüfung ist jedoch den Blick freizubekommen auf das, worum es in der Prüfung eigentlich geht: den Inhalt, die Fragen. Es geht in dem Moment der Prüfung nicht darum, ob die Kommilitonen schon am Schreiben sind, ob die Eltern hinterher mit der Note zufrieden sein werden oder ob die Zeit zum Beantworten der Fragen ausreicht. Wenn du deine Prüfungsvorbereitung gut strukturierst, wirst du mit der Zeit auch bestmöglich klarkommen. Wenn dein Selbstwert auf mehreren Säulen fußt, wird dich auch ein Misserfolg nicht völlig aus der Bahn werfen. Das heißt, du wirst nicht zunehmend mehr Angst vor Prüfungen bekommen, da du die Situation realistischer einstufen kannst. Und trotzdem kannst und darfst du den Wunsch haben, erfolgreich durch dein Studium zu schreiten. Hier liegt kein Widerspruch. Es geht sogar viel leichter, wenn du es einfach tust und nicht so viel nachgrübelst. Dafür solltest du dich zunächst intensiv mit deinen Erwartungen und Annahmen auseinandersetzen.

Beantworte für dich die folgenden Fragen, am besten, indem du deine Antworten aufschreibst:

Wie ist dein Anspruch?
Was ist deine Geschichte, was sind deine Erfahrungen und Regeln bezüglich dieses Aspektes?

2.2 Negative Prüfungserfahrungen

Unabhängig von unserem Anspruch können frühere Erfahrungen die Angst vor Prüfungen schüren. Erlebnisse wie im folgenden Beispiel können mit dazu beitragen, dass Angst vor Prüfungssituationen entsteht. Dabei ist von zentraler Bedeutung, wie wir ein solches Erlebnis verarbeiten. Einmal für uns selbst, gedanklich und emotional und natürlich zudem im sozialen Umfeld. Schließlich sind wir soziale Wesen und nicht unabhängig von den anderen, die im folgenden Beispiel auch beteiligt sind.

Ich bin eigentlich noch nie gerne zur Schule gegangen. Ich kann mich noch gut daran erinnern, wie mein Mathelehrer mich an die Tafel zitiert hat und ich vor der

> ganzen Klasse Übungsaufgaben lösen musste. Dabei war Mathe mein schwaches Fach, das war bekannt. Es war kaum auszuhalten. Dann hat mich mein Lehrer vor der ganzen Klasse heruntergeputzt. Wenn ich in mündlichen Prüfungen sitze, befürchte ich oft, dass es mir wieder passiert. Dass der Prüfer mich vorführt. Auch Referate zu halten fällt mir schwer. Wenn ein Referat bevorsteht, werde ich unruhig und sehe meinen früheren Mathelehrer vor mir.
> *Thomas, 26 Jahre, Student der Betriebswirtschaftslehre*

Nachvollziehbar, dass solche Erlebnisse in der Schulzeit auch heute noch Einfluss auf das Erleben und die Wahrnehmung von Thomas haben.

Was ist hier mit Thomas passiert und warum hat das Erlebte noch heute einen so großen Einfluss auf seine Wahrnehmung von Prüfungen? Eine Sache ist zunächst mal festzuhalten: Thomas hat es offensichtlich trotz dieses Erlebnisses geschafft, sein Abitur zu absolvieren und einen Studienplatz zu bekommen. Er hat also trotz aller Belastungen aus der Vergangenheit wichtige Kompetenzen erworben, auch bezüglich Prüfungen. Er muss schließlich einige davon erfolgreich absolviert haben, um jetzt an diesem Punkt zu stehen. Dies bedeutet, dass solche Erlebnisse nicht zwingend das „Karriere-Aus" bedeuten müssen. Man kann auch dann erfolgreich sein, wenn man in seinem Leben bereits leistungsbezogener Abwertung ausgesetzt war. Selbstverständlich ist es wünschenswert, dass es erst gar nicht dazu kommt.

Gleichzeitig können derartige Erinnerungen eine große Belastung darstellen. Thomas berichtet, dass er auch heute noch in der Angst lebt, der Vorfall von damals könne sich wiederholen. Auch sieht er den früheren Mathelehrer noch heute lebensgroß und in Farbe vor sich. Für Thomas ist es unter anderem wichtig zu lernen, dass nicht jede Prüfung so ablaufen muss wie damals. Lernen bedeutet in diesem Fall ein wirkliches Verstehen und Verinnerlichen, auch emotional. Thomas hat vermutlich bereits erlebt, dass Prüfungen anders ablaufen können. Schließlich hat er nach diesem Erlebnis weitere Prüfungen bestanden. Aber er hat offensichtlich gefühlsmäßig nicht verankern können, dass Prüfungen auch angenehmer verlaufen können. Die Erinnerungen an die belastende Situation scheinen zu stark zu sein.

Besonders schlimm schien für Thomas damals zu sein, dass seine Mitschüler die für ihn demütigenden Situationen hautnah miterlebt haben. Wir denken hier wieder an den Selbstwert und seine soziale Funktion. Für Thomas war es in der Situation nachvollziehbarerweise schwierig, sich wertvoll zu fühlen, waren doch alle anderen Zeugen seines Scheiterns, als er den Inhalt nicht gut wiedergeben konnte. Vielleicht ist es hilfreich für Thomas, sich mit seinen Kommilitonen über Prüfungserfahrungen im Allgemeinen auszutauschen. Dabei kann er erfahren, dass auch andere bereits unangenehme Erfahrungen gemacht haben oder zusehen mussten, wie Mitschüler derart vorgeführt wurden. Dies bedeutet schließlich nicht zwingend, dass man schlecht von diesen Mitschülern denkt. Zumeist tut es den anderen Mitschülern sehr leid, wenn einer von ihnen so behandelt und bloßgestellt wird. Mit seinen damaligen Mitschülern kann Thomas vielleicht nicht mehr reden, aber auch seine Freunde und Bekannten werden ihre Erfahrungen gemacht haben. Sozialer Austausch ist etwas sehr Wichtiges, um die eigenen Bewertungen von Situationen abzugleichen mit der Wahrnehmung anderer. Dadurch kann es einfacher werden, die eigene Sichtweise auf sich selbst zu verändern, so dass man lernt, besser zu sich und hinter sich zu stehen.

Im Falle solcher früheren Erlebnisse, ist es vor allem notwendig zwischen Vergangenheit und Gegenwart zu trennen. Thomas ist jetzt erwachsen und nicht mehr in der früheren

Lebensphase des Kindes und damit dem Lehrer ausgeliefert. Er hat sicherlich kommunikative Kompetenzen erworben, die es ihm möglich machen, schwierige Situationen zu bewältigen. Auch hat er im besten Fall ein Studienfach gewählt, das ihm inhaltlich mehr Freude bereitet. Eine gute Vorbereitung und das Beherrschen des Prüfungsstoffes können mehr Sicherheit geben. Wenn man fachlich fit ist und lernt, die Prüfungsangst in den Griff zu bekommen, ist es einfacher, auch Herausforderungen zu bewältigen. Thomas kann lernen, wie er sich selbst in schwierigen Prüfungssituationen nicht aus der Fassung bringen lässt. Jede Prüfung kann anders werden, es gibt keinen Wiederholungszwang für unangenehme Erfahrungen.

Leider kann die Erwartungshaltung einen negativen Einfluss auf aktuelle Prüfungssituationen haben. Wenn man erwartet, dass es wieder wie früher läuft, ist die Wahrscheinlichkeit größer, dass es nicht gut läuft. Unbewusst können wir dann durch unser Verhalten dazu beitragen, dass die Situation entsprechend unserer Befürchtung endet. Eine klare Abgrenzung ist für Thomas also wichtig. Es wäre hilfreich für ihn, sich von dem Bild der vergangenen Prüfung zu verabschieden und der neuen Prüfung die Möglichkeit zu geben anders abzulaufen.

Zudem kann es ihm helfen, wenn er trainiert, aktuelle positive Prüfungserlebnisse als relevante Beispiele für mögliche zukünftige Prüfungen zu verinnerlichen. Das heißt also zu lernen, dass es anders laufen kann und auch bereits anders gelaufen ist als früher. Sich dann vor der Prüfung vorzustellen, wie es realistisch, also auch in Ordnung, sein kann, hilft bei der Bewältigung der Prüfung und kann sogar das Notenergebnis positiv beeinflussen.
Notiere deine Gedanken zu diesen Fragen:

▶ Gibt es auch in deiner Geschichte derartig belastende Prüfungserfahrungen?

Wenn ja, wie gehst du damit um?
Tauscht du dich mit Freunden oder Kommilitonen darüber aus?
Wie sind deine bisherigen Prüfungen gelaufen?
Was ist deine Erwartungshaltung gegenüber Prüfungen?
Hast du eine realistische Einschätzung deiner Erlebnisse, dass heißt, fokussierst du eher die schlechten Ereignisse oder kannst du dich auch gut an die positiven Situationen erinnern?

2.3 Soziale Unsicherheiten

Manche Menschen sind generell unsicher, wenn sie sich in sozialen, also zwischenmenschlichen Situationen befinden. Und dies kann alle möglichen Situationen betreffen. Zum Beispiel kann bereits eine private Feier, auf der mehrere Menschen aufeinander treffen, eine belastende Situation darstellen. Nachvollziehbar, dass das Leben dadurch ziemlich erschwert werden kann. Schließlich besteht unser Alltag permanent aus vielen einzelnen zwischenmenschlichen Situationen. Zudem brauchen wir Kontakte, um uns zugehörig und wohl zu fühlen.

Für viele sozial unsichere Menschen sind Leistungs- und Bewertungssituationen besonders herausfordernd. Die erlebte generelle Unsicherheit in zwischenmenschlichen Begegnungen kann insbesondere in den mündlichen Prüfungen dazu beitragen, dass Ängste entstehen oder sich verstärken. In mündlichen Prüfungen sitzt man dem Bewertenden direkt gegenüber. Dadurch ist es eine direkte soziale Situation, man kann sich hinter keinem Blatt Papier verstecken. Zudem ist die gegenüber sitzende Person eine Autorität, welche die Leistung bewertet. In schriftlichen Klausuren kann man sich oft besser auf den Inhalt konzentrieren, seinen eigenen Rhythmus suchen und finden. Andere Menschen sind weniger stark im

Blickfeld und haben dadurch weniger Einfluss auf die Selbstwahrnehmung. Zudem wird die Leistung nicht direkt und unmittelbar bewertet, sondern erst im Nachhinein. Der Aspekt der Bewertung kann somit für den Moment leichter ausgeblendet werden. Bei genereller sozialer Unsicherheit entsteht also in einer mündlichen Prüfung eine besonders belastende Situation.

Die Gründe für das Entstehen genereller sozialer Unsicherheit sind sehr verschieden. Häufig spielen negative Erfahrungen mit anderen Menschen eine Rolle, aber auch genetische Faktoren oder Modelle in der Familie, dass heißt Bezugspersonen, die sich sozial unsicher verhalten, können einen Einfluss auf die individuelle Entwicklung haben. Schauen wir uns das folgende Beispiel ein bisschen genauer an.

Ich sorge mich darüber, was die Prüfer oder meine Kommilitonen über mich denken könnten. Ich habe große Angst, rot zu werden, zu stottern oder Blödsinn zu erzählen. Ich will mich auf keinen Fall blamieren. In der Schulzeit wurde ich von meinen Mitschülern oft gehänselt. Ich war eine sehr gute Schülerin, habe aber wohl irgendwie das Klischee einer Streberin erfüllt. Zumindest für die anderen. Ich habe eine Brille getragen, das war häufig Anlass für die Kommentare. Auf dem Schulhof wurde ich geschubst und ausgelacht. Niemand hat mir geholfen. Es macht mich auch heute noch sehr traurig, daran zurück zu denken.
Katrin, 27 Jahre, Studentin der Medizin

Katrin hat die Erfahrung gemacht, dass andere sie wegen ihres Äußeren auslachen. Heute würde man vermutlich den Begriff „Mobbing“ für das verwenden, was sie während ihrer Schulzeit erlebt hat.

Wenn in einer solchen Situation niemand da ist, der das Kind schützt und die anderen Kinder in ihre Schranken weist, können diese Erlebnisse einen erheblichen Einfluss auf die Entwicklung des Selbstwertgefühls und der Selbstwahrnehmung haben. Dadurch kann sich generelle soziale Unsicherheit entwickeln. Katrin fühlt sich einfach nicht sicher in der Gesellschaft anderer, sie befürchtet dauerhaft, dass sie eine negative Rückmeldung bekommt. Dass sie abgewertet wird. Vermutlich geht sie über den Campus und macht sich Sorgen darüber, was die Menschen, die ihr begegnen, über sie denken könnten. Über ihren Gang, ihre Frisur. Oft ist der Gedanke an die Bewertung anderer allgegenwärtig. Ein Dauerbegleiter also, sobald Katrin sich in der sozialen Welt bewegt.

Studien haben gezeigt, dass Menschen, die sozial unsicher sind, sich in zwischenmenschlichen Situationen oft primär darauf konzentrieren, wie sie wohl gerade wirken (vgl. z. B. Stangier et al., 2009). Sie denken darüber nach, was der Prüfer denken könnte, versuchen zu kontrollieren, ob sie wohl rot werden, stottern oder auffällig schwitzen. Diese so genannte Selbstaufmerksamkeit führt dann dazu, dass die befürchteten Symptome, wie zum Beispiel das Erröten, erst recht auftreten, was wiederum noch unsicherer macht und die Selbstaufmerksamkeit weiter verstärkt. Für Katrin ist es also besonders wichtig zu lernen, sich unabhängiger von der Meinung anderer zu machen. Sich mehr auf sich selbst zu konzentrieren, und zwar mit einem wohlwollenden, rücksichtsvollen Blick. Dies bedeutet wiederum, eine verbesserte Selbstakzeptanz aufzubauen. Auch hier ist wieder das Wichtigste, dass sie lernt, sich auf die Prüfungsfragen zu konzentrieren, anstatt auf ihre potentielle Wirkung auf die anderen Prüfungsbeteiligten. Wie dies umzusetzen ist, lernst du in Schritt 5.

2.4 Deine Geschichte

Vielleicht hast du in einem der Beispiele Parallelen zu deiner eigenen Geschichte entdeckt. Möglicherweise auch Unterschiede. Natürlich gibt es noch unzählige weitere Beispiele für Erlebnisse, die zur Entwicklung von Prüfungsangst beitragen können. Wie schon gesagt, es handelt sich um eine Entwicklung, die vielfältige Ursachen und Auslöser haben kann. Dennoch sind die oben genannten Beispiele solche, die recht häufig im Zusammenhang mit Prüfungsangst genannt werden.

Nun geht es für dich darum, deine persönliche Geschichte nach Anhaltspunkten für deine Prüfungsangst zu durchforsten. Welche Erinnerungen, Gefühle, Gedanken begleiten dich in die Prüfungen? Die folgenden Fragen können dir dabei helfen die Dinge, die dir nach der Lektüre der Beispiele durch den Kopf gehen, zu sortieren. Was ist bei dir hochgekommen? Schreib es auf.

Welche Gedanken beschäftigen dich in deiner Prüfungsangst?
Wie denkst du von dir als Person?
Was erwartest du von dir in der Prüfung?
Was denkst du, was der Prüfer von dir denkt?
Worauf bist du in der Prüfungssituation konzentriert?
Gibt es Erlebnisse in deiner Vergangenheit, an die du dich immer wieder erinnerst, wenn du Prüfungsangst hast?

Nachdem du die Fragen bearbeitet hast, geht es nun an die Analyse. Was ist dir zu deiner Prüfungsangst aufgefallen? Welche Themen sind beteiligt? Arbeitsblatt 1 enthält eine Checkliste, in der du für dich relevante Themen markieren kannst. In den nachfolgenden Kapiteln erfährst du dann noch mehr über Strategien im Umgang mit diesen Themen.

Checkliste Prüfungsangst

Bitte kreuze deine Belastung durch die genannten Aussagen auf der Skala an: (0 = keine Belastung – 5 = große Belastung):

Ich habe einen hohen Anspruch an meine Leistung in der Prüfung.	0 – 1 – 2 – 3 – 4 – 5
Ich habe in der Prüfungssituation ablenkende Angstgedanken.	0 – 1 – 2 – 3 – 4 – 5
Ich habe in der Vergangenheit negative Prüfungserfahrungen gemacht.	0 – 1 – 2 – 3 – 4 – 5
Ich konzentriere mich in der Prüfungssituation stark auf die Reaktionen meines Körpers (z.B. schwitzen, rot werden).	0 – 1 – 2 – 3 – 4 – 5
Ich mache mir viele Gedanken darüber, was Andere/ der Prüfer über mich denken könnten.	0 – 1 – 2 – 3 – 4 – 5
Ich bin generell unsicher im Kontakt mit Autoritäten.	0 – 1 – 2 – 3 – 4 – 5
Ich bin generell unsicher in verschiedenen/ mehreren sozialen Situationen.	0 – 1 – 2 – 3 – 4 – 5
Wenn ich Angst habe, kommen belastende Erinnerungen aus meiner Vergangenheit hoch.	0 – 1 – 2 – 3 – 4 – 5

Bei einer Belastung von 3 oder mehr solltest du diesem Aspekt bei der Bearbeitung dieses Ratgebers besondere Beachtung schenken.

Arbeitsblatt 1: Checkliste Prüfungsangst

Schritt 3: Prüfungssituationen – Nicht jede Prüfung ist gleich

3.1 Die Prüfung
3.2 Der Prüfer
3.3 Der Inhalt

Es versteht sich fast schon von selbst, dass Prüfungssituationen vielfältig sind. Eine ganz offensichtliche Unterscheidung kann zwischen mündlichen und schriftlichen Prüfungen getroffen werden. Für manche Studierende können aber auch schon Fragen des Dozenten in der Vorlesung eine Art Prüfungssituation darstellen. Was als solche empfunden wird, hängt ganz wesentlich von der jeweiligen Vorgeschichte der Person, also den möglichen Ursachen der Prüfungsangst, ab. Beispiele dafür hast du bereits im vorausgehenden Kapitel kennengelernt.

Eine Prüfung im Studium dient dazu, die Leistung einer Person durch bestimmte Aufgaben oder Fragen zu erfassen. Als Leistung kann man die Kenntnisse und Fertigkeiten verstehen, die wir im Laufe des Studiums erwerben.

Ein weiterer wichtiger Aspekt, der Einfluss auf die Intensität von Prüfungsangst haben kann, ist die Bedeutung der Prüfung für das weitere Studium, bzw. das Leben. Handelt es sich um eine benotete Leistung? Geht die Note in gewichtiger Weise in das Abschlusszeugnis ein? Oder muss „nur" ein Schein erworben werden?

Dies sind Aspekte, welche die Angstintensität steigern können. Zudem kann die Prüfung bereits im Zweit- oder Drittversuch in Angriff genommen werden oder der Ausgang der Prüfung kann in anderer Form für die Weiterführung des Studiums relevant sein. Zum Beispiel entscheiden die erzielten Noten in den meisten Studienfächern darüber, ob man einen

Master-Studienplatz erhält, da viele Universitäten weniger Master-Studienplätze als Bachelor-Studienplätze anbieten.

Um den Einfluss der Prüfungssituation auf die Prüfungsangst genauer erfassen zu können, ist es wichtig, sich grundsätzlich mit den Konstanten und den Besonderheiten verschiedener Prüfungssituationen auseinanderzusetzen. So kannst du diejenigen Aspekte ausfindig machen, die speziell für dich ein Problem darstellen. Wenn du sie kennst, kannst du dich entsprechend der jeweiligen Situation vorbereiten und die Strategien auswählen, die dir weiterhelfen können.

Eine wichtige Erkenntnis ist, dass wir bestimmte Situationen in unserem Gedächtnis bereits abgespeichert und meist schon bildhaft vor Augen haben. Wenn du jetzt an eine Prüfung denkst, wirst du vermutlich Bilder vor Augen sehen. Vielleicht läuft sogar ein ganzer Film ab. Du stellst dir den Raum, vor in dem die Prüfung stattfindet. Du siehst den oder die Prüfer direkt vor dir und bist schon mittendrin in der angstauslösenden Situation. Bilder lösen viel schneller und intensiver Emotionen aus als bloße Gedanken. Einerseits erklärt dies, warum uns bereits Wochen und Tage vor der Prüfung die Angst im Nacken sitzt, anderseits beinhalten die Bilder auch eine große Chance: Mit ihnen kannst du arbeiten! Der erste Schritt dafür ist, sie wahrzunehmen und zu verstehen. Stell dir beim Vorbereiten deines Prüfungsstoffes ruhig hin und wieder einmal vor, wie die Prüfung ablaufen könnte. Achte auch auf Einzelheiten! Welche Bilder siehst du? Mit ihnen werden wir dann später intensiv weiterarbeiten.

3.1 Die Prüfung

Referate, Hausarbeiten, Klausuren, mündliche Prüfungen und Abschlussarbeiten – sie alle stellen Prüfungssituationen dar. Doch nicht jeder Studierende hat in jeder der genannten Situationen Prüfungsangst. Auch kann die Intensität der Angst je nach Anlass unterschiedlich ausgeprägt sein. Zudem müssen nicht alle Aspekte einer bestimmten Prüfungssituation Angst machen, sondern nur einzelne, wie beispielsweise der Prüfer als Person.

Mündliche Prüfungen und Referate können zum Beispiel sowohl als Einzel- als auch als Gruppenleistung stattfinden. Für manche Studierende ist es einfacher, in der Gruppe geprüft zu werden. Man ist nicht allein, bekommt mit, dass auch die anderen nicht allwissend sind und trotzdem nicht aufgeben. Auch fühlt man sich vielleicht durch deren Anwesenheit den Prüfern weniger ausgeliefert. Schließlich steht man nicht allein im Fokus der Aufmerksamkeit.

Unserem Fallbeispiel Thomas könnte so eine Gruppenprüfung möglicherweise leichter fallen, vorausgesetzt, er hat nicht das Gefühl, vorgeführt zu werden. Für Sophie und Katrin hingegen verbergen sich in der Gruppenprüfung einige Stolperfallen. Bei der anspruchsvollen Sophie besteht die Gefahr, dass sie sich und ihre Leistungen während der Prüfung ausgiebig mit denen der anderen vergleicht und sich in direkter Konkurrenz zu ihnen sieht. Dies würde wiederum ihre Konzentration auf den Prüfungsinhalt vermindern, was sich negativ auf die von ihr abrufbare Leistung auswirken kann.

Die sozial unsichere Katrin wird in einer Gruppensituation vermutlich noch nervöser, da sie sich zusätzlich zu den Prüfern auch noch von ihren Kommilitonen beobachtet fühlt. Dies kann die so genannte Selbstaufmerksamkeit, mit der sie ohnehin schon zu kämpfen hat, nochmals erhöhen. Konkret bedeutet das: Katrin wird sich vermutlich nicht nur darüber Gedanken machen, ob sie rot wird und der Prüfer dies sieht, sondern auch darüber, welche Symptome ihrer Aufregung die Kommilitonen bemerken.

Auch die Einzelprüfung kann als unterschiedlich belastend wahrgenommen werden. Thomas und Katrin sehen sich im direkten Fokus der Prüfer, was bei beiden unterschiedliche Gedanken auslöst, in beiden Fällen aber auch Prüfungsangst aktiviert. Thomas hat Angst, „niedergemacht" zu werden. Katrin befürchtet, sich peinlich zu verhalten und sich vor den Prüfern zu blamieren.

Es gibt Studierende, die mündliche Prüfungen als weniger belastend empfinden als schriftliche, ganz nach dem Motto: „Reden kann ich ja..." Teilweise können in mündlichen Prüfungen die Einstiegsthemen frei gewählt werden. Das kann beruhigen, kann man so doch mit einem selbst gewählten Thema beginnen, in dem man sich wohl und sicher fühlt. So kann man einen guten Einstieg in die Prüfung finden und hat bereits Wissen reproduziert, bevor die Prüfer anfangen, Fragen zu stellen. Man hat also bereits gezeigt, dass man etwas kann.

Es kann jedoch auch verunsichern, ein eigenes Thema einbringen zu müssen. Vielleicht schwingt der Gedanke mit, ein Thema wählen zu müssen, mit dem man vor dem Prüfer am meisten Eindruck machen könnte. Also wird bereits vor der Prüfung viel nachgegrübelt und dadurch möglicherweise wertvolle Vorbereitungszeit verschenkt.

Auch Referate stellen eine Art mündliche Prüfung dar. Der Vorteil bei diesen ist jedoch, dass man den Inhalt genau vorbereiten kann und nicht, quasi unvermittelt, zu zahlreichen verschiedenen Themen gefragt wird.

Klausuren können offene Fragen oder Multiple-Choice-Fragen enthalten. Auch hier gibt es individuelle Vorlieben. Dem einen gefällt es, wenn er in eigenen Worten formulieren darf. Den anderen verunsichern die offenen Fragen, da er sich Gedanken darüber macht, was denn die richtige Antwort sein könnte und ob er nicht vielleicht doch viel mehr schreiben sollte. Beim Multiple Choice kann die Auswahl an Antwortmöglichkeiten verunsichern, da häufig nur geringe Unterschiede zwischen den einzelnen Antworten bestehen und es eine ordentliche Herausforderung sein kann, unter Leistungsdruck die richtige Antwort zu erkennen. Es kann einem aber auch ein gutes Gefühl geben, lediglich die richtige Antwort aus einer Reihe von vorgegebenen auswählen zu müssen. Die Präferenzen sind hier verschieden.

In manchen Fächern dürfen Hilfsmittel in Form von Materialien, wie Formelsammlungen oder Gesetzestexten, benutzt werden. Hier gilt es, diese Hilfsmittel strukturiert zu nutzen und sich nicht darin zu verlieren.

Bei Hausarbeiten und Abschlussarbeiten ist es vor allem wichtig, sich längerfristig gut zu strukturieren und zu motivieren. Hierbei ist es wichtig, auftretende Selbstzweifel und Blockaden im Verlauf immer wieder und vor allem möglichst zu Beginn aus dem Weg zu räumen. Für viele Studierende ist es bei dieser Art von Prüfung schwierig, den Abschluss zu finden. Wann ist so eine Arbeit gut genug? Wann bin ich fertig?

Diese Frage ist nicht immer leicht zu beantworten. Oft beendet die zeitliche Vorgabe, also der Abgabetermin, den Prozess. Nicht jeder gibt dann mit einem guten Gefühl ab.

Vor jeder Art von Prüfung ist es wichtig, dass du die notwendigen Informationen einholst, um dich optimal vorbereiten zu können. Du solltest dich selbstverständlich mit deiner Studien- und Prüfungsordnung auskennen. Was wird tatsächlich, sowohl formal als auch inhaltlich, von dir erwartet?

Erkundige dich wenn nötig auch bei den Dozenten oder gegebenenfalls bei Kommilitonen zum Ablauf der Prüfung und ihren Schwerpunkten. Dies kann dir ein definierteres Bild geben und im besten Fall verhindern, dass du dir unnötig Sorgen machst: Dir die Prüfung womöglich viel umfangreicher und schwieriger vorstellst, als sie dann tatsächlich ist.

3.1.1 Die mündliche Prüfung

Prüfungsangst in der mündlichen Prüfung kann sich auf unterschiedliche Aspekte der Prüfung beziehen. Einige der möglichen Befürchtungen wurden bereits genannt. Andere sind dir vielleicht schon selber durch den Kopf gegangen. Beantworte dir die Fragen, möglichst schriftlich.

> Also, zu dir: In der mündlichen Prüfung stehst du als Person im Zentrum der Aufmerksamkeit des Prüfers, beziehungsweise mehrerer Prüfer. Was für Gedanken und Gefühle löst diese Vorstellung in dir aus?
> Du musst in dieser Situation ganz spontan und ohne vorherige Kenntnis der Fragen direkt deine Antworten abrufen können. Wie ist das für dich?
> Oft sitzen dir mehrere Personen gegenüber, die dich beurteilen, deine Antworten protokollieren. Macht es für dich persönlich einen Unterschied, ob du es mit einer Person oder gleich mit mehreren Personen zu tun hast?
> In einer Gruppenprüfung sind zudem noch Kommilitonen anwesend. Bei sozial ängstlichen Menschen führt dies schnell zu Angstgedanken. Wie geht es dir damit? Erlebst du durch die Anwesenheit deiner Kommilitonen eher Sicherheit? Oder verunsichert dich ihre Anwesenheit nur noch mehr?

Unabhängig davon, welche Aspekte für dich und deine Prüfungsangst relevant sind: Dein Ziel sollte sein, dich ausschließlich auf die Prüfungsfragen zu konzentrieren und andere Themen für die kurze Zeit beiseite zustellen. Du kannst durch das Nachdenken über kritische Aspekte der Situation keine tatsächliche Sicherheit für dich herstellen. Im schlechtesten Fall wird es dich nur noch mehr verunsichern.

Natürlich ist auch wichtig, dass du bereits vor Beginn der Prüfung Vertrauen in dich und deine Leistungsfähigkeit entwickelst.

Wie du dich gut auf die Prüfung vorbereiten kannst, erfährst du in Schritt 4. Arbeitsblatt 2 soll dir helfen, die Aspekte der Prüfungssituation zu identifizieren, die dir Angst machen, damit du die entsprechenden hilfreichen Strategien später besser auswählen und dann auch selbstständig anwenden kannst.

In Schritt 5 lernst du dann Strategien kennen, um mit deiner Angst besser umgehen zu können.

3.1.2 Die schriftliche Prüfung

In der schriftlichen Prüfung sitzt du meistens in einem Raum mit deinen Kommilitonen und hast ein Blatt mit den Aufgaben vor dir. Mittlerweile gibt es auch immer mehr E-Klausuren, die du am Computer bearbeitest.

Ein Vorteil der schriftlichen Prüfung ist, dass du länger über eine Frage nachdenken kannst, bevor du sie beantwortest. Du kannst dir aussuchen, in welcher Reihenfolge du die Fragen bearbeitest, kannst mit jenen Aufgaben beginnen, die dir leichter fallen, und so in einen guten „Arbeitstrott" kommen.

Allerdings besteht auch die Gefahr, dass du abschweifst und die begrenzte Zeit aus den Augen verlierst. Erinnerst du dich noch an deine Abiturprüfungen? Die dauerten gerne einmal mehrere Stunden. Versuche, dich zu erinnern und mach dir ein paar Notizen:

> ▶ Wie bist du damals damit umgegangen?
> Wie hast du dir die Zeit eingeteilt? Hast du gezielt Pausen gemacht?
> Warst du zeitweise gedanklich anderweitig unterwegs?
> Und wie läuft es heute für dich in schriftlichen Prüfungen? Kommst du mit der Anzahl der Fragen klar?
> Arbeitest du häufig unter Zeitdruck und hast Angst, es nicht rechtzeitig zu schaffen?

Wenn du dazu neigst abzuschweifen, wirst du dich vermutlich auch mit deinen Befürchtungen beschäftigen, die Prüfung nicht zu bestehen. Oder nicht die richtigen Antworten zu wissen. Ein Stück weit ist das normal. Diese Gedanken hat wohl jeder Mensch, wenn es um etwas geht.

Du musst lernen, dich primär mit den Fragen auseinanderzusetzen, andere Gedanken auszublenden und dich immer wieder selbst zu beruhigen, wenn Angst hochkommt. Zugegeben, das ist nicht immer eine leichte Aufgabe.

Manche Klausuren sind sogar bereits von vornherein so ausgelegt, dass du gar nicht alle Fragen in der vorgegebenen Zeit schaffen kannst. Kennst du das? Wenn ja, wie gehst du bisher damit um?

In solch einem Fall ist es besonders wichtig, ein inneres Konzept zu haben, also einen Plan, wie man an die Fragen herangehen kann. Es ist meistens das Ziel, eine Mindestpunktzahl zu erreichen. Mehr solltest du von dir zunächst auch nicht erwarten, wenn dich das sonst noch mehr aus dem Konzept bringt. Das Ergebnis kommt immer erst zum Schluss. Vorrangig ist die Bewältigung der Situation.

Vergleiche mit Kommilitonen sollten möglichst keinen Raum bekommen. In schriftlichen Prüfungen kannst und solltest du die Möglichkeit nutzen, ganz allein mit dir, deinem Tempo und dem vorbereiteten Wissen zu arbeiten. Es ist für dich nicht relevant, ob dein Nachbar bereits angefangen hat zu schreiben, oder wie weit er schon ist. Du musst sowieso deinen eigenen Rhythmus finden. Wenn dir zu einer Frage nicht direkt etwas einfällt, fange einfach mit einer anderen Frage an. Bleibe bei dir.

3.2 Der Prüfer

Es gibt in den meisten Studiengängen Prüfer, deren Name allein bereits gehörigen Respekt oder sogar Angstschweiß auslöst. Ebenso gibt es Prüfer, von denen alle wissen, dass sie nett sind und „meistens Einser" vergeben.

Manche Studierende machen sich wenig Gedanken über den Prüfer und sein mögliches Verhalten in der Prüfung. Viele rechnen diesen Umstand jedoch durchaus ins mögliche Prüfungsergebnis mit ein. Bei Studierenden mit Prüfungsangst verhält es sich noch einmal anders. Sie machen sich häufig viele Gedanken. Unter anderem darüber, wie der Prüfer sie bewerten wird, ob er sie mag, was er über sie denken könnte. Wenn man, wie Thomas, bereits schlechte Erfahrungen mit Prüfern gemacht hat, können schon Gerüchte über besonders strenge oder ungerechte Prüfer direkt Panik auslösen.

Bei manchen Prüfungen kannst du deinen Prüfer wählen. Dann stehen vielleicht zwei oder drei Prüfer zur Wahl. Dies kann beruhigen, da du den „schwierigen" Prüfer bereits selber für deine Prüfung ausschließen kannst. Es kann aber auch verwirren, wenn es keine oder nur wenig Informationen über das jeweilige „Prüferverhalten" gibt, du also gar nicht weißt, welcher Prüfer wie „streng" ist und was die jeweiligen Erwartungen an dein Können sind.

In so einem Fall kann es hilfreich sein, sich über die Fachschaft oder die Kommilitonen Informationen zu den Prüfern einzuholen. Vielleicht gibt es auch Gedächtnisprotokolle von früheren Prüfungen.

Generell ist es wichtig – wenn du dich schon bei anderen zu Prüfern informierst – dass du nicht jedes Wort auf die Goldwaage legst. Das kann dich zusätzlich verunsichern. Ob eine Prüfung gut gelaufen ist, hängt von unzähligen Faktoren ab.

Es kann sein, dass dir ein Kommilitone erzählt, die Prüfung sei „super hart" gewesen und in Wahrheit war der Prüfer nett, aber der Prüfling einfach nicht gut genug vorbereitet und daher im Nachhinein mit dem Ergebnis der Prüfung unzufrieden. Gerade bei subjektiven Bewertungen und bei Gerüchten gilt es, sich einen kritischen Blick zu erhalten. Anregungen und Hinweise zu bekommen ist natürlich gut. Aber vergiss nicht, dass die individuelle Perspektive eine große Rolle bei der Beurteilung von anderen Personen spielt.

Prüflinge berichten oft im Nachhinein, dass der Prüfer gar nicht so schlimm war, wie es das umgehende Gerücht weismachen wollte.

Vielleicht passt ein strenger Prüfer auch viel besser zu dir, das heißt, ihr versteht euch vielleicht viel besser, als es mit dem „netten" Prüfer der Fall gewesen wäre. Dein Bauchgefühl ist hier wichtig. Und wenn du deine Angst zu reduzieren lernst, kannst du dieses auch wieder deutlicher und besser wahrnehmen.

Bei Klausuren hast du zumeist keine Wahl bezüglich des Prüfers und musst mit seinen Fragen und seiner Person leben. Auch weißt du vorher nicht zwingend, wer die Klausuren Korrektur liest. In diesem Fall ist es also ratsam, sich im Vorfeld möglichst wenig Gedanken darüber zu machen. Du wirst nicht persönlich bewertet, da du nicht als Gesamtperson vor dem Prüfer stehst. Nur dein geschriebenes Wort spielt eine Rolle. Und beim Multiple Choice zählen ausschließlich deine Antworten. Hier können nicht einmal Formulierungen einen Unterschied machen.

In der Vorbereitung auf die schriftliche Prüfung kann es sinnvoll sein, sich Informationen über frühere Prüfungsfragen, die Schwerpunkte des Prüfers und den Ablauf sowie das Zeitfenster der Klausur einzuholen. Dann kannst du dich entsprechend darauf vorbereiten und im Idealfall das Schreiben der Klausur bereits zuhause zu Realbedingungen üben.

Es gilt: In der Prüfung selbst solltest du dich auf die Fragen konzentrieren. Der Inhalt der Prüfung sollte im Mittelpunkt stehen.

Im Folgenden findest du Beispiele zu Prüferpersönlichkeiten und den möglichen Reaktionen der Prüflinge darauf. Natürlich reagieren unterschiedliche Personen individuell verschieden auf unterschiedliche Prüferpersönlichkeiten.

Die Beispiele sollen dich dazu anregen, dir Gedanken über deine möglichen Reaktionen auf derartige, herausfordernde Prüfungssituationen zu machen. Du kannst die Bilder in deinem Kopf mit den beschriebenen Szenarien abgleichen.

Die Antworten, die du in diesem Prozess findest, geben dir Hinweise darauf, wie du deinen Umgang mit Prüferpersönlichkeiten für dich und die Zukunft hilfreich verändern kannst.

Die meisten Prüfer sind wohlwollend und möchten den Studierenden durch die Prüfung helfen. Aber je nach individueller Geschichte des Prüflings kann es durch das Aufeinandertreffen zweier unterschiedlicher Persönlichkeiten zu Schwierigkeiten kommen.

3.2.1 Prüferpersönlichkeiten und die individuelle Reaktion

I. Die Kritische – Eine Prüferin will es ganz genau wissen

Sophie sitzt in ihrer Prüfung und gerät ins Schwitzen. Diese Prüferin ist einfach nicht zufriedenzustellen. Nichts ist genau genug. Immer fehlt etwas. Die Augenbraue wird skeptisch in die Höhe gezogen. Sie fragt nach, auch gerne einmal mitten in Sophies Satz. „Frau Kruse, wie lautet denn genau der Gesetzestext in diesem Fall?"
Bei Sophie steigt der Druck. Ihr Anspruch an die eigene Leistung ist sowieso schon hoch. Sie versucht alles richtig zu machen, beantwortet die Fragen. Leider macht der kritische Blick sie zunehmend nervöser. Sie fragt sich, was sie noch hinzufügen soll, zweifelt daran, genug gelernt zu haben. Sie wird unsicherer, die Angst wächst. Plötzlich fällt es ihr nicht mehr ein. „Oh nein, ich muss das doch wissen." Panik steigt auf.

Sophie ist herausgefordert. Die Prüferin hat scheinbar einen sehr hohen Anspruch und Sophie auch. Was macht Sophie in dieser Situation die größten Probleme? Notiere deine Gedanken zu den jeweiligen Fragen hier und im Folgenden.

Hast du eine Idee, wie Sophie anders reagieren könnte?
Was braucht Sophie, um anders reagieren zu können?
Wie würdest du in dieser Situation reagieren? Was würdest du denken?
Wie würdest du gerne in Zukunft reagieren?

II. Der Besserwisser

Katrin kann kaum einen Satz zu Ende sprechen. Dieser Prüfer lässt sie kaum zu Wort kommen. Er korrigiert das Gesagte, fügt Inhalte hinzu: „An diesem Punkt müssen Sie auch den Vagusnerv erwähnen!"
Katrins Gedanken rasen: „Mist, das wollte ich doch gleich sagen. Was denkt der nur von mir?! Der glaubt wohl, ich weiß gar nichts." Sie wird rot, fängt an zu stottern.

Eine Herausforderung für Katrin. Sie kommt gar nicht erst in die Position, ihr Wissen vollständig zu reproduzieren. Gleichzeitig ist es ihr so wichtig, sich nicht zu blamieren. Was passiert hier? Was löst das Prüferverhalten in Katrin aus?

Was würdest du Katrin in dieser Situation raten?
Wie würdest du selbst auf diesen Prüfer reagieren? Was würdest du über dich selbst denken?
Würdest du dein Denken und Verhalten in so einer Situation gerne für die Zukunft verändern?

III. Die Gelangweilte

Sophie weiß nicht weiter. Diese Prüferin scheint völlig unbeeindruckt von dem, was ihr erzählt wird. Sie wirkt desinteressiert, unbeteiligt, scheint zwischendurch sogar aus dem Fenster zu schauen. Sie fragt öfter nochmals nach: „Was haben Sie gerade gesagt?"
Sophie ist verunsichert. „Erzähle ich überhaupt das Richtige? Was will sie denn hören? Ich muss das gut machen!" Die innere Anspannung und der Druck steigen. Sophie gibt sich große Mühe, packt alles aus, was sie jemals gelernt hat. Sie hat allerdings den Eindruck, dass es nicht genug ist. Die Unsicherheit und die Angst steigen. Sie verhaspelt sich zwischendurch, ärgert sich über sich selbst.

Dies ist eine Herausforderung für Sophie. Sie kann die Reaktionen der Prüferin auf das von ihr Gesagte nicht deuten. Wegen ihres hohen Anspruchs möchte sie es allerdings besonders gut machen. Was denkst du könnte ihr helfen wieder zurück zum Inhalt zu finden?

Kennst du derartige Gedanken aus deinen Prüfungen?
Wie gehst du damit um?
Wie möchtest du eigentlich gerne damit umgehen?

IV. Der Choleriker

Thomas weiß nicht weiter. Dieser Prüfer scheint auf einem Feldzug zu sein. Bei jedem falschen Wort oder fehlendem Komma wird die Stimme laut. Auch der Beisitzer guckt schon ganz betreten. Der Prüfer steigert sich immer mehr in Rage, bis er ausstößt: „Was machen Sie eigentlich hier?"

Thomas Albtraum ist wahr geworden. Bilder von seinem Mathelehrer tauchen vor seinem inneren Auge auf. Er kann sich gar nicht mehr auf die aktuelle Situation konzentrieren, verstummt völlig, ist den Tränen nahe. Panik steht im Raum.

Thomas sitzt gedanklich wieder vor seinem früheren Mathelehrer. Was kann er tun, um mit der Situation zielführend umzugehen? Wie kann er sein früheres Erleben vor der Prüfungstür lassen?

> Wie würde es dir in solch einer Prüfungssituation gehen? Wie würdest du reagieren?
> Was bräuchtest du, um die Situation gut zu bewältigen?

V. Die Wohlwollende

Diese Prüferin lächelt viel, nickt und lässt Katrin ausreden. Sie hat Verständnis für fehlendes Wissen, versucht weiterzuhelfen, sobald der Prüfling ins Stocken gerät. Katrin: „Frau Kettler ist wirklich nett. Ich möchte sie nicht enttäuschen." Katrin beantwortet bereitwillig alle Fragen, ist aber trotz der netten Art der Prüferin nervös. „Was wohl der Beisitzer von mir denkt, wenn Frau Kettler mir immer weiterhilft..."

Trotz dieser netten Prüferin fällt es Katrin schwer, sich sicher zu fühlen. Was passiert hier mit Katrin?

> Wie würdest du selbst auf so eine Prüferin reagieren?
> Was für eine Reaktion fändest du angemessen und hilfreich?

VI. Zusammenfassende Analyse

Was allen Beispielen gemein ist: Irgendeine Bewertung erfolgt immer. Keiner der Prüflinge konzentriert sich nur auf den Inhalt. Selbst bei der wohlwollenden Prüferin ist die eigene Geschichte nicht vergessen. Ein Stück weit ist das normal. Wir sind soziale Wesen und interagieren in sozialen Situationen ständig. Umso wichtiger ist es, die eigene Vergangenheit aufzuarbeiten. Zu analysieren, welche früheren Themen wir noch heute in unserem Rucksack mit in die aktuelle Prüfungssituation nehmen. Offensichtlich gehen die wenigsten „unbepackt" hinein.

Auch ist es wichtig, den eigenen Selbstwert zu stärken. Das bedeutet, davon auszugehen, dass wir „in Ordnung" sind. Unabhängig davon, was der Prüfer vielleicht denken mag.

Erinnere dich: Der Selbstwert ist sozusagen unser inneres Barometer dafür, wie wir im Außen gesehen werden. Ist der Selbstwert gering, dann gehen wir schnell davon aus, dass die anderen Menschen wenig von uns halten. Auch wenn dies in keiner Weise der Realität entsprechen muss. Das zentrale Motiv, unabhängig von der Prüferpersönlichkeit, sollte also sein: Sorge für dich!

Es ist weiterhin nicht wichtig, was der Prüfer denkt und wie er sich verhält. Seine Aufgabe ist es schließlich, möglichst objektiv und nicht persönlich zu bewerten. Es ist natürlich insoweit wichtig, als dass es etwas mit dir macht. Es löst, abhängig von deiner Geschichte, Emotionen aus und lässt Bilder in deinem Kopf entstehen. Dann brauchst du eine Strategie, um aus deinem alten „Film" auszusteigen und das Hier und Jetzt zielführend zu bewältigen.

Das Verhalten des Prüfers kann leider manchmal auch, wie wir es beim Choleriker gesehen haben, äußerst unangemessen sein. Du kannst dich gegebenenfalls hinterher bei der entsprechenden Stelle beschweren. Auch Prüfer haben sich an bestimmte Regeln der Professionalität zu halten. Unabhängig davon, ob sie einen schlechten Tag hatten oder private Probleme sie belasten – Prüflinge sind keine Prellböcke. Zum Glück kommen solche Situationen sehr selten vor.

Für dich gilt auch in einer schwierigen Prüfungssituation: Dein aktuelles Ziel ist, die Prüfung zu bestehen und nicht den Prüfer zu besänftigen oder glücklich zu machen. Es ist hoch wahrscheinlich, dass eventuelle Aggressionen ursächlich nichts mit dir persönlich zu tun haben. Und selbst wenn, es hilft dir in der Prüfungssituation nicht weiter, dir darüber Gedanken zu machen. Fokussiere dein Ziel! Du willst die Prüfung bestehen.

Du musst wissen: Auch Prüfer sind Menschen. Die Gelangweilte hat heute vielleicht schon zehn Prüfungen abgenommen, bevor du in den Raum gekommen bist. Vielleicht träumt sie von ihrem Feierabend. Es hat nicht alles mit dir zu tun! Und selbst wenn es doch so sein sollte, der Prüfer dich vielleicht unsympathisch findet: Es hilft dir hier und jetzt nicht weiter, darüber nachzugrübeln. Du kannst es in diesem Moment nicht ändern. Und es ist auch nicht das Ziel dieses Momentes. Versuche weiterhin, möglichst gut auf die gestellten Fragen zu antworten und die Prüfung zu bestehen. Du findest den Prüfer vielleicht auch gar nicht allzu sympathisch. Deswegen kämest du aber nicht auf die Idee, ihn abzuwerten oder zu beschimpfen, oder? Also warum sollte er es tun?

3.3 Der Inhalt

Grundvoraussetzung für das Bestehen einer Prüfung ist sicherlich eine ausreichende Vorbereitung. Prüfungsangst kann allerdings bereits beim Lernen Probleme bereiten. Wenn die Angst dich schon am Schreibtisch erwartet, fällt das Konzentrieren natürlich schwer. Zweifel an den eigenen Fähigkeiten werden laut. Im schlechtesten Fall wird das Lernen ganz vermieden oder immer weiter aufgeschoben. Dies erhöht den Druck und damit verstärkt sich auch die Angst. Ohne ausreichende Vorbereitung gegebenenfalls zu recht.

Auch der Inhalt der Prüfung selbst kann Angst machen. Nicht jedes Fach liegt jedem Prüfling gleich gut. In so einem Fall ist neben dem gründlichen Lernen eine Bearbeitung der Befürchtungen sinnvoll. Es ist notwendig, immer wieder neu das Interesse zu wecken und sich zum Lernen zu motivieren. Mehr dazu lernst du in Schritt 4.

Weiterhin solltest du dir bewusst machen, dass es ein Ziel des Studiums ist, die Fertigkeit zu erwerben, sich Wissen verschiedenster Formen selbstständig und selbstorganisiert anzueignen. Das heißt, du lernst diese eine Kernkompetenz für dein gesamtes Leben. Wie lerne ich etwas, behalte es, gebe es wieder – unabhängig davon, ob es mich besonders interessiert? Diese Fertigkeit brauchst du. Auch im Berufsleben wirst du immer wieder auf Aufgaben treffen, die dich inhaltlich nicht besonders interessieren. Das ist keine Katastrophe, das Werkzeug, um es trotzdem zu tun, hältst du bereits in deinen Händen. Sonst hättest du es nicht bis hierher ins Studium geschafft.

Checkliste 2 hilft dir dabei, dir bewusst zu machen, welche Art von Prüfung bei dir Angst erzeugt. Dies hilft dir, einen klareren Fokus für deinen Veränderungsprozess zu bekommen. Zudem kannst du für dich weitere relevante Themen markieren, an denen du dann direkt ansetzen kannst.

II Checkliste Prüfungen

Welche Art von Prüfungen machen dir Angst und wie stark ist deine Angst (0 = keine Angst – 10 = Panik)?

❒ mündliche Prüfungen	________________
❒ schriftliche Prüfungen	________________
❒ Referate	________________
❒ Klausuren	________________
❒ Haus-/ Abschlussarbeiten	________________

Welche Aspekte der Prüfung machen dir dabei Sorgen (0 = gar nicht – 5 = sehr)?

der Prüfer und wie er dich als Person wahrnimmt	0 – 1 – 2 – 3 – 4 – 5
die Fragen und ob du sie beantworten kannst	0 – 1 – 2 – 3 – 4 – 5
die Bewertung deiner Leistung	0 – 1 – 2 – 3 – 4 – 5
andere Kommilitonen und wie sie dich wahrnehmen	0 – 1 – 2 – 3 – 4 – 5
weitere Dinge: ________________	0 – 1 – 2 – 3 – 4 – 5

Arbeitsblatt 2: Checkliste Prüfungen

Schritt 4: Die Voraussetzungen schaffen – Wie bereite ich mich vor?

Eine gute inhaltliche Vorbereitung ist das A und O, um eine Prüfung erfolgreich zu meistern. Lässt die Vorbereitung hingegen zu wünschen übrig, kann das eine Ursache für Prüfungsangst sein. Wenn dann der Prüfungstermin näher rückt, steigt die Anspannung. Die Sorgen nehmen zu, bis sich schließlich Prüfungsangst einstellt.

Die meisten Studierenden haben recht gut im Gefühl, ob das Gelernte zum Bestehen der Prüfung ausreicht oder nicht. Sicher gibt es auch solche, die immer davon überzeugt sind, nicht genug gelernt zu haben, selbst wenn sie bereits den gesamten Lerninhalt gut verinnerlicht haben. Diese Fälle stellen aber nicht die Regel dar.

Was aber tun, wenn es mit der Prüfungsvorbereitung hapert? Wenn es nicht so voran geht wie gewünscht? Wenn sich dir immer wieder neue Hindernisse in den Weg stellen? Am besten ist es, bereits die Vorbereitung gut zu planen und Schwierigkeiten im laufenden Lernprozess frühzeitig, das heißt direkt mit ihrem Auftauchen, aus dem Weg zu räumen. Dann sollte eine gute inhaltliche Vorbereitung realistisch sein. Im Folgenden schauen wir uns genauer an, welche einzelnen Aspekte du im Vorbereitungsprozess beachten solltest. Zudem besprechen wir mögliche Hindernisse, die entstehen können, und erarbeiten entsprechende Lösungsmöglichkeiten.

Oft wird unterschätzt, dass zur Prüfungsvorbereitung auch die Planung der Lernphase, das Zeitmanagement und die bewusste Anwendung von Lernstrategien gehören. Enorm wichtig ist die Motivation, damit du es auch tatsächlich schaffst, dich an den Schreibtisch zu setzen und zu lernen. Das alles gehört einfach dazu. Die nachfolgenden Tipps und Strukturierungshilfen sollen dir dabei helfen, deine Vorbereitungsphase zu analysieren und zu optimieren.

4.1 Zeitmanagement – Wie organisiere ich mich am besten?

Lernen unter Zeitdruck führt oft dazu, dass sich der subjektiv wahrgenommene Druck erhöht. Das kann zu zunehmenden körperlichen Stresssymptomen führen. Bereits vorhandene Sorgen und Gefühle der Angst verstärken sich. Blockaden beim Lernen können entstehen, die Konzentration schwindet.

Die Zeit selbst kann man natürlich nicht „managen", weshalb Zeitmanagement eine Form des Selbstmanagements ist. Wir können aber lernen, unseren Umgang mit der zur Verfügung stehenden Zeit, die selbstverständlich immer dieselbe bleibt, möglichst effektiv zu organisieren.

Viele Studierende schrecken davor zurück, Zeitpläne zu erstellen. Eine häufige Befürchtung ist, dadurch „noch mehr Zeit zu verlieren". Dies entspricht allerdings nicht der Realität. Zeitpläne machen im ersten Schritt ein wenig Arbeit. Man kann daher den Eindruck haben, dass man nicht direkt in den Lernprozess einsteigen kann, wenn man sich zunächst mit dem Zeitplan beschäftigt. Letztendlich sitzen aber die meisten Studierenden ohne guten Zeitplan zunächst einmal „vorm leeren Blatt" und machen sich Gedanken, wie sie ihren Einstieg in den Lernprozess finden sollen. Und das täglich aufs Neue. Eine gute Planung und ein realistisches Zeitmanagement ermöglichen hingegen einen guten Überblick und geben jedem neuen Lerntag eine klare Struktur. Dadurch geben sie Sicherheit, sind also für den Lernenden so etwas wie das Sicherheitsnetz für den Trapezkünstler. Du weißt dann morgens gleich genau, womit du anfangen kannst und musst dich nicht erst neu sortieren. So sparst du letztendlich im Prozess wieder Zeit, mindestens einmal die Stunden, die du am Anfang in die Planung investierst hast. Meist sogar deutlich mehr. Funktionale Zeitpläne, beziehungsweise ein gutes Zeitmanagement, können ganz unterschiedlich aussehen. Zentral ist, dass du nicht Sklave des Plans wirst, sondern der Plan dir eine gute Orientierungs- und Strukturierungshilfe bietet.

Eine vorausschauende Zeitplanung soll dir also bei der Strukturierung des Alltags helfen und deinen Termindruck reduzieren. Dadurch, dass du nicht mehr alles auf den letzten Drücker erledigen musst, werden wieder neue Zeiträume geschaffen. In deinen Zeitplänen, die auf das Semester, eine Woche oder auch einen Tag angelegt sein können, erfasst du zunächst die dir zur Verfügung stehenden Zeitfenster und planst entsprechend deine Aufgaben. Projektpläne können dir dabei helfen, den Stoff bis zum Zeitpunkt X, dem Prüfungstag, zu strukturieren. Du verschaffst dir so einen groben Überblick über die zu absolvierenden Leistungen im Verlauf des Semesters oder Projektes. Dabei ist es sehr hilfreich „rückwärts“ zu planen. Das heißt zum Beispiel, vom Termin der Prüfung auszugehen und festzulegen, wie viel Zeit du für das Lernen, das Üben und die Vorbereitung benötigst. Das nächste Arbeitsblatt gibt dir die Möglichkeit, einen solchen Projektplan auszufüllen.

In der kurzfristigen Zeitplanung solltest du dich auch an deinen produktiven Tageszeiten orientieren. Pausen sollten ein Teil deiner Planung sein. Einerseits geben sie dir neue Kraft und andererseits helfen sie dabei, dass sich Lerninhalte im

Mein Projekt

Projektname (Was habe ich vor?):

Zeitrahmen (Bis wann muss ich fertig sein?):

Rückwärts geplant (Was mache ich bis wann?):

Aufgaben (z.B. Lernmaterialien erstellen)	Datum/ Zeitraum													

Belohnung (Um die kommst Du nicht herum! ☺):

Arbeitsblatt 3: Mein Projekt

Gedächtnis verankern können, da erst sie wichtige Gedächtnisprozesse ermöglichen.

Es gibt unterschiedliche Arten von Pausen. Wir machen beispielsweise im Lernprozess unbewusst immer wieder kleinere Pausen. Diese sind wichtig, um gerade Gelesenes zu verarbeiten und zu verinnerlichen. Oft dauern diese Pausen nur wenige Augenblicke. Wenn du zwischen Aufgaben oder Lerninhalten wechselst, ist es hilfreich, aktiv eine kleine Pause einzulegen und beispielsweise einmal für einen Moment aus dem Fenster zu schauen. So kann sich das Gelernte setzen und dein Gehirn wird wieder bereit für die Aufnahme neuer Informationen. Ununterbrochenes „Durchpauken" ist selten hilfreich! Es sorgt für eine schnelle Ermüdung unserer Konzentrationsfähigkeit und macht uns somit weniger leistungsfähig. Nach anderthalb bis zwei Stunden konzentriertem Lernen solltest du spätestens eine Pause machen. Eine Viertelstunde ist oft schon ausreichend. So können sich die Gehirnareale erholen, die für die Konzentration besonders wichtig sind. Trink vielleicht ein Glas Wasser und verlasse den Schreibtisch für einen Augenblick, um dir die Beine zu vertreten. Aber lass den Computer oder Fernseher aus. Das kostet dich nur Konzentration, die du zum Lernen so notwendig brauchst. Mach dir bewusst, dass diese Art von Pausen zu deiner Arbeitszeit dazugehören. Du verlierst also keine Zeit, sondern bleibst im Arbeitsprozess.

Nach zwei Lerneinheiten von anderthalb bis zwei Stunden solltest du dann eine größere Pause einlegen. Zum Beispiel die Mittagspause. Zwei Stunden darfst du dir dafür ruhig Zeit nehmen. Denke auch daran, dass die Fähigkeit, sich zu konzentrieren, nach dem Essen eingeschränkt und dein Körper zunächst mit der Verdauung beschäftigt ist. Zum Wiedereinstieg kannst du dann Tätigkeiten wählen, die weniger Daueraufmerksamkeit benötigen. Vielleicht musst du ja noch ein wenig Literatur recherchieren oder etwas in der Art.

Mein Tag

Datum: ______________________

Planung vor Arbeitsbeginn:

Wie viel frei verfügbare Arbeitszeit habe ich heute? Von wann bis wann?

____

Was sind die drei wichtigsten Aufgaben/ Themen heute?

1. ______________________
2. ______________________
3. ______________________

Analyse und Fazit nach vollendetem Arbeitstag:

Was ist gut gelaufen?

____

Woran möchte ich noch arbeiten?

____

Wofür möchte ich mir Unterstützung holen?

____

Welche Aufgaben muss ich auf Morgen übertragen?

____

Wie belohne ich mich jetzt für den Arbeitstag?

____

Arbeitsblatt 4: Mein Tag

Wenn dein Projektplan steht und du somit den großen Überblick vor Augen hast, ist der nächste Schritt, jeden einzelnen Tag im Detail durchzuplanen. Das Arbeitsblatt beinhaltet ein Beispiel für einen Tagesplan.

Zu jedem Tagesplan gehört es auch, Prioritäten zu setzen. Was sind die wichtigsten Aufgaben an diesem Tag? Was muss unbedingt erledigt werden? Der Projektplan gibt Anhaltspunkte, bis wann bestimmte Schritte der Prüfungsvorbereitung abgeschlossen sein müssen. Du solltest immer einen Überblick darüber haben, welche Dinge besonders wichtig für deine Prüfung sind und sofort erledigt werden müssen. Diese Dinge kannst du unterscheiden von solchen, die wichtig sind, aber erst zu einem späteren Zeitpunkt abgeschlossen sein müssen. Zudem gibt es noch Dinge, die zwar aktuell anstehen, aber eigentlich nicht wichtig für dein längerfristiges Ziel sind. Entsprechend kannst du dann aussortieren und deinen Tag planen. Manchmal fällt es schwer, sich gegen eine Tätigkeit zu entscheiden, da sie scheinbar dringend ist, wie z. B. die Beantwortung einer E-Mail oder ein Telefonat. In den meisten Fällen kannst du diese Dinge aber auch getrost nach deiner Lernzeit erledigen. Ein paar Stunden machen hier wenig Unterschied. Das Lernen aufzuschieben, kann auf der anderen Seite dazu führen, dass du in Bedrängnis gerätst. Zum Thema „Prioritätensetzung" gibt es verschiedene Prinzipien, die dir Anhaltspunkte geben können, wie du dich bezüglich der anstehenden Tätigkeiten entscheiden kannst. Ein Prinzip ist das sogenannte Eisenhower-Prinzip (vgl. z. B. Weisweiler et al., 2013): In einem Vier-Felder-Schema wird eine Anleitung gegeben, wie mit Aufgaben je nach Wichtigkeit verfahren werden sollte.

Ohne deine Prioritäten zu kennen und entsprechend zu handeln, wird es wie gesagt schwierig, die Zeit gut zu organisieren. Überlege, welche Tätigkeiten dich besonders voranbringen und somit besonders wichtig sind. Sie sollten beim

wichtig	Zeitplan erstellen und Aufgabe bearbeiten (z. B. Prüfung in 3 Monaten)	Sofort in Angriff nehmen/ lernen (z. B. Prüfung in 2 Tagen)
nicht wichtig	nicht bearbeiten (z. B. Facebook-Posting)	wenn möglich delegieren (z. B. Kaffee ist leer)
	nicht dringlich	dringlich

Abbildung 4: Das Eisenhower-Prinzip

Lernen auch erste Priorität haben. Studien zeigen immer wieder, dass nur ein Bruchteil unserer Tätigkeiten während eines Arbeits- oder Lernprozesses für das Ergebnis ausschlaggebend ist. Das heißt, dass du immer wieder neu überprüfen solltest, ob dich deine aktuelle Tätigkeit tatsächlich deinem Ziel, den Lernstoff gut zu verinnerlichen, näher bringt. Das Pareto-Prinzip (vgl. z. B. Weisweiler et al., 2013) besagt, dass 80% der Ergebnisse mit 20% des zeitlichen Aufwandes erreicht werden. Nun schließt sich hier eine Frage an: Was macht diese 20% inhaltlich aus?

Diese Frage ist nur durch die Analyse deines individuellen Lernverhaltens zu beantworten. Kennst du es vielleicht, dass du während deiner Arbeitszeit lange Unterlagen sortierst oder mit den Gedanken gar nicht bei der Sache bist? Wenn du beispielsweise an einer Hausarbeit schreibst, ist es besonders wichtig, auch wirklich einen Großteil deiner zur Verfügung stehenden Zeit zum Schreiben zu nutzen. Deine Arbeit wird von Literaturrecherche alleine nicht fertig werden. Viele Studierende warten allerdings sehr lange, bis sie tatsächlich anfangen zu schreiben. Dann kann die Zeit für das Schreiben schon einmal knapp werden, wenn der Abgabetermin näher rückt. Beim Lernen ist es ähnlich. Sicherlich verinnerlichen wir allein durch das Lesen und die Erstellung von Lernmaterialien, wie z. B. Zusammenfassungen, bereits einen Teil des Inhalts. Diese Schritte sind unglaublich wichtig für den Lernprozess. Allerdings darf die ausgiebige Erstellung von Lernmaterialien nicht dazu führen, dass am Ende keine Zeit mehr für das Lernen und Wiederholen bleibt.

Neben der Prioritätensetzung bezüglich des Arbeitsverhaltens und der gewählten Arbeitsschritte solltest du versuchen, andere Störungen des Arbeitsprozesses zu identifizieren und wenn möglich auszuschalten. Störungen von außen können Geräusche, wie zum Beispiel das klingelnde Telefon sein. Aber auch eine schlechte Beleuchtung des Arbeitsplatzes oder eine kaputte Tastatur können auf Dauer anstrengen und die Konzentrationsfähigkeit schwächen. Solche Störungen sollten möglichst schnell behoben werden. Bei lautem Treiben in der WG kann es helfen, ein „Bitte-nicht-Stören-Schild" an der Tür anzubringen. Wenn Lernen zu Hause nicht gut möglich ist, steht auch die Bibliothek an der Universität zur Verfügung.

Grundsätzlich kann es hilfreich sein, klare Zeitfenster zu installieren, in denen man sich um E-Mails und Telefonate kümmert. Daneben gibt es dann die Arbeitszeiten, in denen das Lernen wieder im Mittelpunkt steht. So wirst du nicht immer wieder in deinem Lernprozess unterbrochen. Das sorgt dann auch für eine bessere Effizienz deines Arbeitsverhaltens.

Selbstverständlich gehört es auch zu einem guten Zeit- und Selbstmanagement, sich Phasen der Erholung zu gönnen. Nur so kannst du deine Batterien wieder aufladen und die Lernphase gut hinter dich bringen. Es kann Sinn machen, sich zumindest einen lernfreien Tag in der Woche einzuplanen. So bekommst du den Kopf mal wieder richtig frei und kannst dir etwas Gutes tun. An diesem Tag darfst du dir bewusst erlauben, mal nicht an die Prüfung zu denken, um an den folgenden Tagen mit neuer Energie „dran zu gehen".

4.2 Störende Selbstzweifel – Wie schalte ich diese aus?

Unstrukturiertes Lernverhalten kann zu wiederkehrenden Zweifeln an dem erworbenen Wissen führen. Sitzt der Stoff wirklich? Bin ich das richtig angegangen? Habe ich auch den richtigen Inhalt gelernt? Schaffe ich das überhaupt?

Solche Fragen können das Lernen begleiten und vor allem eines: stören!

Wie schaltest du diese Gedanken am besten ab? Zum einen hilft es, das Lernen gut zu strukturieren und zu planen. Zum Zeitmanagement hast du oben schon einiges erfahren. Zu den Lernstrategien kommen wir im nächsten Punkt. Zudem ist wichtig, dass du deine Befürchtungen einerseits realistisch analysierst und übertriebene Sorgen reduzierst und dass du andererseits lernst, das Grübeln an die Seite zu stellen und dich wieder auf den Inhalt zu konzentrieren. Klingt einfacher als es zunächst einmal ist. Aber die gute Nachricht ist: Du kannst es wirklich lernen! Und es ist den Aufwand wert.

Zum Thema „Denken verändern" kommen wir ausführlicher in Schritt 5. Ein paar Fragen, die dir bei einer realistischeren Einschätzung der störenden Gedanken helfen können, findest du bereits hier:

> ▶ Ist meine Befürchtung realistisch?
> Kann man sie überprüfen oder bleibt sie schwammig? Schwammige Befürchtungen sind generell wenig realistisch.
> Mit einer Wahrscheinlichkeit von wie viel Prozent tritt meine Sorge tatsächlich ein?

Hilft mir mein Gedanke dabei, mein Ziel zu erreichen? Wenn du diese Frage mit „Nein" beantworten kannst, was bestimmt meistens der Fall ist, dann ist es sinnvoll, dem Grübeln ein „Stopp" zu setzen. Hier kommst du nicht weiter, so verrennst du dich. Überprüfe lieber noch einmal deine Planung und hole dir bei offenen Fragen Unterstützung, zum Beispiel von Kommilitonen oder Dozenten.

4.3 Lernstrategien – Verwende ich die richtigen?

Bei der Auswahl deiner Lernstrategien ist es bedeutsam, dass du ein gutes Gleichgewicht zwischen dem Aufwand und dem Nutzen herstellst. Dies bedeutet, dass du darauf achtest, dass sich der Aufwand beim Erstellen des Lernmaterials bzw. bei der Anwendung der Lernstrategien und dein Zugewinn an Wissen die Waage halten sollten. Dies ist selbstverständlich nicht immer so leicht zu erreichen. Auch hierbei solltest du deinen Zeitplan gut im Auge haben. Es macht beispielsweise wenig Sinn, bei nur zwei Wochen Zeit bis zur Prüfung tagelang Karteikarten zu erstellen und dann vor der Prüfung keine Zeit mehr zu haben, den Inhalt auswendig zu lernen. In Zeiten großen „Lernstoffaufkommens" ist es daher wichtig, flexibel und pragmatisch zu bleiben. Wenn du allerdings rechtzeitig anfängst und dich diszipliniert an deinen Lernplan hältst, dann können Karteikarten eine sehr hilfreiche Strategie sein. Das Arbeitsblatt soll dir bei der Analyse der von dir bisher verwendeten Strategien helfen.

Im Folgenden findest du Beispiele von Lern- und Arbeitsstrategien für die verschiedenen Arbeitsphasen, die dir bevorstehen können. Natürlich ist die Übersicht nicht vollständig, da dieser Ratgeber den Schwerpunkt auf die Prüfungsangstbewältigung setzt. Aber vielleicht kannst du dennoch einige hilfreiche Anregungen finden oder mitnehmen.

Analyse meiner Lernstrategien

Benenne deine drei wichtigsten Lernstrategien und bewerte sie anhand der vorgegebenen Kategorien (0 = stimmt nicht, 5 = stimmt genau).

Meine Lernstrategie Nummer 1: ______________________________

Meine Lernstrategie Nummer 2: ______________________________

Meine Lernstrategie Nummer 3: ______________________________

	Lern-strategie 1	Lern-strategie 2	Lern-strategie 3
Hilft mir dabei den Inhalt gut zu strukturieren			
Kann mit wenig Zeitaufwand hergestellt werden			
Hilft mir dabei den Inhalt schnell zu verstehen			
Hilft beim schnellen Auswendiglernen			
Passt gut zu meinem Lerntyp			
Ist gut transportabel und überall einsetzbar			
Bereitet mich von der Art des Abrufs gut auf die Prüfungsfragen vor			

Überprüfe im Anschluss an deine Bewertung, welche Strategie besonders hilfreich ist, also in vielen Kategorien Zustimmung bekommen hat und welche dich kaum weiterbringt. Du kannst die Fragen auch nutzen, um bei der Aneignung neuer Lerntechniken zu überprüfen, inwiefern dich diese unterstützen. Wähle dann entsprechend deiner Bewertung aus, welche Strategien du zukünftig wie häufig anwenden willst.

Arbeitsblatt 5: Analyse meiner Lernstrategien

Zunächst einmal muss die Lernphase in verschiedene Abschnitte unterteilt werden. So beginnst du mit der Phase, in der du dir einen Überblick über die Prüfungsmodalitäten, deren Aufbau und Inhalt verschaffst. Informationen bekommst du beim Dozenten, dem Prüfungsamt und von Kommilitonen.

Dann geht es darum, die entsprechenden Lern- und Arbeitsmaterialien zu beschaffen. Das heißt, du suchst dir Literatur, Skripte etc. zusammen. Vielleicht hast du selbst während der Vorlesung Mitschriften angefertigt. Generell gilt für die Anfertigung von Mitschriften, dass es sinnvoll ist, sich eine feste Struktur dafür zu überlegen und auf dem Blatt einen ausreichenden Rand stehenzulassen. Diesen kannst du dann nutzen, wenn der Dozent doch noch mal auf ein bestimmtes Thema zurückkommt und du noch etwas dazu notieren willst. So steht dann alles zum jeweiligen Thema an einem Ort. Das heißt, dein Skript ist besser strukturiert und du findest im Nachhinein zügiger die gewünschte Information. Eine Strukturierung der Mitschriften bedeutet, dass du dir im Vorfeld gut überlegst, wie du das Ganze aufbaust. Am besten trägst du bereits vor der Veranstaltung deren Namen, den Namen des Dozenten, das Datum und das Thema ein. Du kannst zu Hause auch bereits vorsortierte Ordner haben, in die du deine Mitschrift direkt nach der Veranstaltung abheftest. Dies erspart dir viel Sucherei und damit Zeit, wenn die Lernphase beginnt. Für die Mitschriften kannst du dir auch bestimmte Abkürzungen überlegen, mit denen du Sachverhalte kennzeichnest, dann musst du nicht immer alles ausschreiben. „Def." kann zum Beispiel dein Kürzel für eine Definition sein.

Es ist in Ordnung, dass nicht jeder Studierende gleich gut Mitschriften anfertigen kann. Wir Menschen sind unterschiedliche Lerntypen. Manchen fällt es schwer, inhaltlich etwas aus der Vorlesung zu verstehen, wenn sie nebenbei mitschreiben. Für sie ist es wichtiger, die Dinge zu hören, das heißt auditiv wahrzunehmen. In so einem Fall ist es gut, während der Vorlesung aufmerksam zuzuhören und nach der Veranstaltung die wichtigsten Punkte zu Papier zu bringen. Andere können sich kaum etwas merken, wenn sie es nicht direkt visualisieren. Hier sind Mitschriften ideal. Wenn es ausführliche Skripte gibt, können diese auch mit Anmerkungen und gegebenenfalls auch farblichen Markierungen versetzt werden.

Dann wirst du sicherlich, egal ob Lernphase oder Hausarbeit, immer wieder in die Situation kommen, dass du Texte in Büchern oder wissenschaftlichen Artikeln lesen musst, aus denen du das zu Lernende erst extrahieren musst. Die meisten Menschen wenden in so einem Fall Markierungen im Text an. Dabei solltest du allerdings darauf achten, nicht zu viel von dem Text zu markieren, sondern wirklich nur das Wichtigste. Wenn du dir den Text nach der Bearbeitung wieder anschaust, wird dein Blick von den Markierungen gelenkt. Hast du fast alles markiert, dann hast du dir keinen Vorteil erarbeitet, du liest dann doch wieder so gut wie alles. Hast du nur das Wichtigste markiert, fällt es dir schneller ins Auge. Hilfreich ist es auch, Kürzel für bestimmte Informationen im Text anzubringen, zum Beispiel ein Ausrufezeichen bei einer besonders relevanten Textstelle. Dann musst du diese nicht vollständig bunt markieren, sollte sie etwas umfangreicher sein.

Für Mitschriften gibt es heutzutage auch andere Wege, als das „schnöde" Papier, auch wenn diese altbewährte Methode durchaus ihre Vorteile hat. Apps und Computerprogramme sind Alternativen. Teilweise ist es mit Hilfe dieser Programme sogar möglich, zusätzlich zum schriftlichen Vermerk Audiokommentare zum Inhalt anzufertigen. So kommt jeder Lerntyp auf seine Kosten.

Beim Lesen von Texten hilft es ungemein, das Leseziel immer gut vor Augen zu haben. Möchtest du dir nur einen Überblick verschaffen? Oder musst du den Inhalt des Textes behalten und später wiedergeben können? Abhängig vom jeweiligen Ziel kannst du dann die Lesetechnik (vgl. z. B. Compact Redaktion, 2009) wählen. Eine kleine Auswahl:

- *Orientierendes oder diagonales Lesen* bedeutet, sich beim Durchblättern des Textes einen groben Überblick zu verschaffen. Dabei achtest du vorrangig auf das Inhaltsverzeichnis, Überschriften, Zusammenfassungen, Grafiken und Ähnliches. Es geht nicht darum, den Text tatsächlich zu lesen, sondern sich einen Überblick darüber zu verschaffen, was der Text inhaltlich zu bieten hat.
- *Kursorisches Lesen* bedeutet, sich den Text etwas genauer vorzunehmen als beim orientierenden Lesen. Aber auch hierbei geht es zunächst nur darum, so viel wie möglich vom Textinhalt zu erfassen. Eine weitere Verarbeitung im Sinne des Lernens ist noch nicht vorgesehen. Es wird also nicht auf Einzelheiten eingegangen. Strategien des kursorischen Lesens sind beispielsweise die Suche nach Schlüsselbegriffen, oder das Lesen vom Anfang und Ende eines Absatzes, um grob dessen Inhalt zu erfassen. Wenn du dir einen Überblick über den Inhalt eines Textes verschafft hast, kannst du entsprechende Texte oder Textpassagen auswählen, die inhaltlich für dich relevant sind. Natürlich kannst du den Text dann „einfach" lesen oder du gehst direkt darüber hinaus und bearbeitest die für dich wichtigen Passagen intensiv.
- *Studierendes Lesen* bedeutet, zu lesen und dabei die Informationen direkt aufzunehmen. Das heißt, du beginnst beim Lesen bereits mit dem Lernen. Es geht hierbei darum, den Text wirklich zu verstehen und im besten Fall auch zu behalten. Dafür gehst du immer wieder zurück, wenn du eine Passage nicht verstanden hast, du schreibst dir wichtige Aspekte raus oder markierst sie. Hierfür hast du vermutlich bereits ein eigenes Repertoire von Zeichen.

vgl. Hubig

Die von Robinson bereits 1946 vorgestellte *SQ3R-Methode* ist eine spezielle Lesetechnik des studierenden Lesens. SQ3R ist die Abkürzung von Survey, Question, Read, Recite und Review (vgl. Robinson, 1946):

Der 1. Schritt, „Survey", dient dazu, einen Überblick über den gesamten Text zu gewinnen. Du erfasst Überschriften, Absätze, Stichwörter und somit den groben Inhalt und Aufbau des Textes.

Im 2. Schritt, „Question", stellst du dir selbst Fragen zu den einzelnen Abschnitten. Fragen halten uns aufmerksam, wecken unsere Neugier. Abzuschweifen wird dadurch schwieriger.

Im 3. Schritt, „Read", liest du den Text dann abschnittsweise und versuchst den Inhalt zu verstehen. Dabei ist es hilfreich, wenn du versuchst, dir deine Frage zu diesem Abschnitt zu beantworten.

Im 4. Schritt, „Recite", gibst du dir selbst Abschnitt für Abschnitt den Inhalt wieder und beantwortest deine Frage. Hier macht es auch Sinn, Stichworte zu notieren. Wenn du alle Abschnitte entsprechend durchgearbeitet hast, gibst du dir selbst noch einmal eine Zusammenfassung des Ganzen. Gerne auch schriftlich.

Im 5. und abschließenden Schritt, „Review", geht es darum, den gesamten Text zu rekapitulieren und die Zusammenhänge zu erfassen. Zudem kannst du das Erarbeitete in den Kontext deines Vorwissens stellen. Im Anschluss solltest du den zu lernenden Inhalt in eine Form bringen, in der du ihn gut wiederholen kannst.

Das heißt, wir kommen zum nächsten Punkt im Lernprozess: der Aufarbeitung des Lerninhaltes und der Erstellung von *Lernmaterialien*. Hierbei ist zu berücksichtigen, dass unser Gedächtnis Informationen besonders gut verarbeitet und langfristig behält, die wir gut vorstrukturieren und in einen Kontext bringen. Daher ist die Aufarbeitung von bloßem Text so wichtig. Idealerweise sollte neues Wissen zu bereits vorhandenem Wissen in Bezug gesetzt werden! Solche Verknüpfungen unterstützen die Lernleistung.

Nun zu einer Auswahl von Techniken zur Aufbereitung des Lerninhaltes:

Über *Karteikarten* haben wir bereits gesprochen. Wenn du mit Karteikarten oder einem Karteikartenprogramm arbeitest, solltest du immer Wert darauf legen, die Karteikarten nicht zu voll zu schreiben. Sie sollten übersichtlich sein und nicht zu viele Informationseinheiten umfassen. Zwei bis drei sollten in jedem Fall genügen. Bei der Erstellung von Karteikarten beginnst du bereits zu lernen, du unterscheidest die wichtigen von den unwichtigen Informationen und fasst das Ganze in eigenen Worten zusammen. Zu Karteikarten gehört auch ein Sortier- und Wiederholungssystem, damit sie ihren Effekt auch richtig entfalten können. Dann kannst du zwischen den Karten, deren Inhalt du bereits abrufen kannst, und den Karten, die du weiter wiederholen solltest, besser unterscheiden.

Bestimmt hast du den Begriff *Mind-Map* (vgl. Buzan & Buzan, 2013) schon einmal gehört. Insbesondere für die Freunde des visuellen Lernens ist dies eine gute Strategie, um Informationen zu sammeln und zu gliedern. Es gibt mittlerweile auch viele Mind-Map Programme, die du nutzen kannst. Eine Mind-Map sollte nicht zu viele Unterebenen beinhalten, da sonst die Übersichtlichkeit leidet.

Lernposter sind eine kreative Lernstrategie und bereits die Erstellung kann sehr viel Freude bereiten, aber auch nützlich sein.

Grundsätzlich gilt: Es ist am besten, wenn du das zu lernende Material auf möglichst vielfältige Art und Weise aufbereitest: auditiv, visuell und wenn möglich sogar praktisch in der Anwendung.

Wenn du ein Lernposter erstellst, kannst du Bilder, Mind-Maps, Definitionen etc. zusammenbringen. Der Kreativität sind dabei keine Grenzen gesetzt. Das Lernposter kannst du

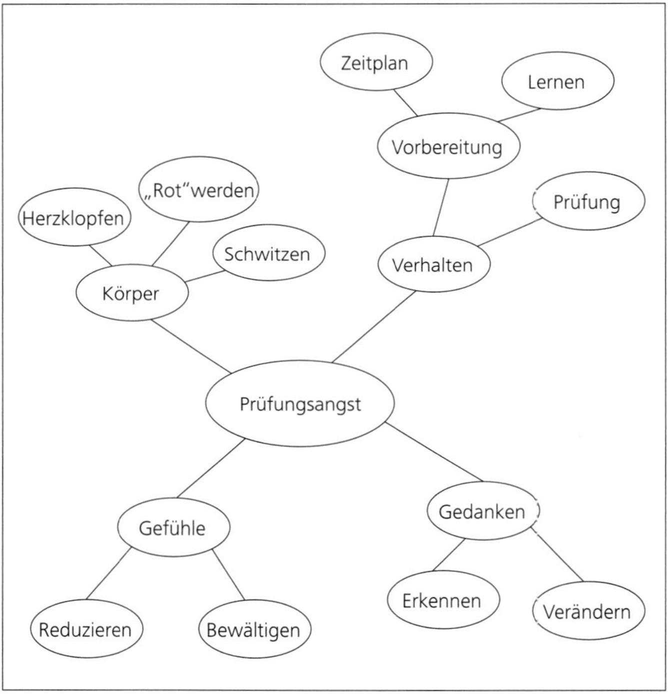

Abbildung 5: Mind-Map

dann an einer Wand anbringen und immer wieder betrachten und Aspekte wiederholen – quasi ein wenig „nebenbei" lernen. Das Thema solltest du groß in die Mitte des Posters schreiben, Unterpunkte und Stichpunkte dann darum herum. Anschließend kannst du alles mit Bildern oder Illustrationen ausschmücken und wichtige Aspekte hervorheben.

Beim Auswendiglernen können dich eine Vielzahl von so genannten *Gedächtnistechniken* oder auch *Visualisierungsstrategien* unterstützen. Zum Beispiel kannst du eine scheinbar unzusammenhängende Liste von Begriffen in eine Geschichte verpacken, die möglichst einprägsam und vielleicht sogar auch lustig sein sollte. Wenn du dir dann in der Prüfung diese Geschichte erzählst, fallen dir die Worte wieder ein.

Vermutlich kennst du bereits einige solcher Strategien. Auch hier sind deinem Einfallsreichtum keine Grenzen gesetzt. Für bestimmte Studienfächer wie Medizin gibt es im Internet ganze Seiten mit Beispielgeschichten.

Visualisieren bedeutet, sich etwas bildlich vorzustellen. Unser Gedächtnis speichert viele Informationen bildlich. Oft auch in einer Art Geschichte, also Abfolge. Wir neigen nicht dazu, uns einzelne Wörter zu merken, sondern einen Kontext. Bilder können dabei helfen.

Auch hier bieten die neuen Medien mit ihren Apps und Ähnlichem eine Vielzahl von weiteren Möglichkeiten, dein Lernverhalten zu unterstützen. Wenn du diese verwendest, überprüfe immer wieder einmal kritisch, ob das Vorgehen für dich wirklich ideal ist. Nur weil etwas schön aussieht, muss es noch nicht hilfreich sein.

Vor allem ist es wichtig, dass du dich nicht in Nebensachen verzettelst und letztendlich nicht mehr dazu kommst, tatsächlich zu lernen. Du solltest sowohl den Lernprozess, als auch die verwendeten Strategien fortlaufend evaluieren. Also überprüfen, ob sie dich deinem Ziel auch wirklich näher bringen. Ein *Lerntagebuch* kann dabei sehr hilfreich sein.

Mein Lerntagebuch

Datum: ____________________

Analyse der heute verwendeten Lernstrategien/ meiner Arbeitsstruktur:

- Was hat mir heute dabei geholfen, mit dem Lernen voranzukommen?
  ____
- Was hat mich heute eher aufgehalten?
  ____

Analyse meines emotionalen Zustandes/ meiner Motivation/ meiner Gedanken:

- Wie ging es mir heute insgesamt beim Lernen?
  ____
- Was hat mich in gute Stimmung versetzt?
  ____
- Was hat meine Stimmung eher getrübt?
  ____
- Was hat mir geholfen, mich zu motivieren?
  ____
- Welche Gedanken waren hilfreich für das Lernen?
  ____
- Welche Gedanken waren eher hinderlich?
  ____

Hier können Gedanken/ Impulse notiert werden, die während des Lernens auftauchen, aber aktuell keine Priorität haben (z. B. „Noch Buch XY besorgen...“):

- ____________________
- ____________________
- ____________________
- ____________________

Arbeitsblatt 6: Mein Lerntagebuch

Es dient dazu den Lernprozess sinnvoll zu begleiten. Dadurch soll es dir leichter fallen, dein eigenes Lernverhalten besser kennen zu lernen und auftretende Probleme zeitnah zu bewältigen. Du solltest es auch nutzen, um dir deine Fortschritte vor Augen zu führen. Ein Beispiel für den Aufbau eines Lerntagebuchs findest du im nächsten Arbeitsblatt. Selbstverständlich kannst du es auch anders gestalten, so dass es möglichst gut zu deinen Bedürfnissen passt.

Zum Thema „Lernen" ist abschließend noch zu sagen, dass es für deine Lerneffizienz günstig ist, wenn du möglichst viele Sinnesmodalitäten in das Lernen einfließen lässt. Wenn du dann noch einen Praxisbezug herstellen kannst, ist das ideal. Effizientes Lernen bedeutet also: lesen, herausschreiben, visualisieren, wiederholen, laut aussprechen, mit anderen durchsprechen, anwenden. All diese Aspekte helfen dir weiter.

In der letzten Phase vor der Prüfung, der *Wiederholungs- und Vertiefungsphase*, geht es für dich darum, das Einprägen der Inhalte sicherzustellen. Dies gelingt am besten durch Wiederholen. Ähnlichen Stoff solltest du nicht direkt hintereinander lernen, damit es nicht zu Störungen kommt und du möglicherweise Inhalte vermischst. Lass hier lieber Pausen dazwischen. Optimal ist, wenn du den gelernten Stoff am Lerntag noch einmal wiederholst, dann wieder am Folgetag, am Ende der Woche und noch einmal vor der Prüfung. Dann kannst du recht sicher sein, den Stoff auch gut zu behalten. Sehr gut ist auch, wenn du die Art der Prüfung beim Reproduzieren des Stoffes simulierst. Lass dich abfragen, wenn dir eine mündliche Prüfung bevorsteht. Bei schriftlichen Prüfungen setze dich hin und beantworte eine Auswahl an Fragen schriftlich in einem vorgegebenen Zeitfenster. Dann bist du optimal auf die Prüfung vorbereitet.

4.4 Prokrastination – Eine mögliche Hürde

„Was ich heute kann besorgen, dass verschiebe ich lieber auf morgen…"

Könnte dieser Satz dein Motto fürs Lernen sein? Dann wird es höchste Zeit, etwas daran zu ändern. So kommst du nicht weiter und deine Prüfungsangst wird durch Aufschiebeverhalten sogar noch verstärkt. Prokrastination, also extremes Aufschieben, ist eine Arbeitsstörung. Wenn diese gravierende Ausmaße einnimmt, kann es unter Umständen sogar notwendig sein, sich professionelle Hilfe zu suchen.

Per se ist es sehr verbreitet, dass unangenehme Dinge eher aufgeschoben werden. Wir Menschen neigen dazu, Dinge, die uns keine Freude bereiten, zu vermeiden. Wenn eine bevorstehende Prüfung angstbesetzt ist, ist oft bereits die Prüfungsvorbereitung angstbesetzt. Nur wenn wir lernen, die Angst zu überwinden, können wir wieder Freude am Lernen und dem Wissenserwerb erfahren.

Wir haben das Thema „Selbstwert" im Zusammenhang mit Angst bereits aufgegriffen. Aufschiebeverhalten wirkt sich, langfristig gesehen, ebenfalls negativ auf den Selbstwert aus. Unsere Erwartung, etwas erreichen oder bewältigen zu können, sinkt. Der Zeitdruck steigt und damit gegebenenfalls auch die Angst vor der Prüfung. Nachvollziehbarerweise! Wenn du nicht zum Lernen kommst, dann kannst du zwar in der Prüfung dennoch Glück haben und bestehen, aber du wirst dir deiner Sache vermutlich nicht sehr sicher sein. Kurzfristig sorgt die Vermeidung dafür, dass du dich inhaltlich nicht mit dem angstbesetzten Stoff beschäftigen musst. Langfristig wird die Angst stärker und du wirst immer mehr dazu neigen, alles aufzuschieben. Es entsteht also ein Teufelskreis. Dieser hindert dich daran, deine Ziele zu erreichen, dein Selbstwertgefühl nimmt ab.

Wie also raus aus diesem Teufelskreis? Fang an zu lernen! Plane feste Arbeitszeiten ein und schalte Störungen aus! Hol dir Hilfe, wenn du allein nicht weiter kommst. Lerngruppen wären hier zum Beispiel eine Möglichkeit, denn dadurch entsteht ein Verpflichtungsgefühl. Nicht nur dir selbst, sondern auch deinen Kommilitonen gegenüber. Beginne mit kleinen „Happen", unterteile den Berg an Stoff, so dass er dir leichter zu bewältigen vorkommt. Mach Pausen, plane schöne Freizeitaktivitäten als Belohnung ein, aber fang an… Du schadest dir sonst nur selbst.

4.5 Motivation – Wie halte ich durch?

Motivation ist die Voraussetzung, um sich überhaupt mit dem Lernen zu beschäftigen. Ohne Motivation geht nichts. Aber wie motiviere ich mich, wenn allein das Wort „Prüfung" mich in Panik versetzt? An der Angst selbst arbeiten wir im nachfolgenden Kapitel. Wenn die Angst zurückgeht, ist dies schon ein erster guter Schritt in Richtung Motivation.

Experten unterscheiden oft die „intrinsische" und „extrinsische" Motivation (vgl. z. B. Barbuto & Scholl, 1998). Ersteres bedeutet, dass dich eine Sache aus sich selbst heraus motiviert. Letzteres, dass du aufgrund erwarteter Konsequenzen handelst. Beide Varianten können dich motivieren. Konsequenzen oder Anreize von außen, wie beispielsweise der Erhalt von Geld bei Abschluss einer Aufgabe, sind natürlich „Zugpferde". Wenn uns die Tätigkeit selbst motiviert, ist dies jedoch oft ein noch stärkerer Antrieb. Ein Ziel kann daher sein, möglichst aus der Sache und aus dir selbst heraus Motivation zu schöpfen. Weiterhin wirken positive Emotionen im Zusammenhang mit unseren Tätigkeiten motivierend. Motiviert zu sein führt außerdem zu positiven Emotionen (vgl. z. B. Brohm, 2016).

Im Folgenden werden einige Strategien vorgestellt, mit denen du deine Motivation steigern kannst.

Strategie 1: Um sich mit einem Thema oder Fach zu beschäftigen, überleg dir, was an dem jeweiligen Stoff interessant ist. Du hast das Studium ja aus einem bestimmten Grund gewählt. Bestimmt gibt es Aspekte, die dich sehr interessieren. Natürlich gibt es in jedem Studiengang auch Fächer und Themen, die dich nicht gerade zum Brennen bringen. Interessant können bestimmte Aspekte des Ganzen dennoch sein. Interesse und Neugier zu wecken gibt uns Energie und Durchhaltevermögen. Stell dir vor, du bist ein Ermittler und willst diesen Fall lösen, der Sache auf den Grund gehen. Dafür willst du den Inhalt zunächst verstehen. Ein Bild von sich als Ermittler oder Forscher kann helfen, Interesse zu wecken. Eine weitere Strategie kann sein, in dem jeweiligen Inhalt nach Parallelen oder Bezügen zu deinem Vorwissen zu suchen, oder sich in die praktische Anwendung hineinzudenken. Auch kann die eigentliche Tätigkeit des Lernens schon interessant sein. Wie markiere ich den Text möglichst hilfreich, wie fasse ich das Ganze gut zusammen? Bei Hausarbeiten auch: Wie baue ich meinen Text möglichst sinnvoll auf? Vielleicht hast du noch weitere Ideen, wie du dein Interesse wecken kannst.

Strategie 2: Sich für Erreichtes zu belohnen kann hilfreich sein, um sich zu motivieren. Setze dir Tages- und Wochenziele und entsprechende Belohnungen für deren Erreichen. Belohnungen müssen nicht unbedingt teuer sein. Aber denk dran: Sie wirken dann, wenn du sie nur einsetzt, wenn du dein Ziel wirklich erreicht hast. Manchmal schaffen wir es inhaltlich nicht, das abzuschließen, was wir uns vorgenommen haben. Insbesondere, wenn unsere Planung noch einmal angepasst werden muss, wir vielleicht vorher zu viel Inhalt in ein Zeitfenster gepackt haben. Passe deine Zeitplanung an und belohne dich dann, wenn du die Arbeitszeit auch wirklich zum Arbeiten genutzt hast.

Strategie 3: Such dir Unterstützung, lerne zusammen mit deinen Kommilitonen. Wir Menschen sind soziale Wesen, es tut uns gut, nicht allein zu sein. Eine Lerngruppe kann motivieren. Ihr solltet euch allerdings auch wirklich mit dem Inhalt beschäftigen und nicht nur private Themen besprechen. Gemeinsames Lernen gibt Auftrieb. Oft verstehen wir Dinge besser, wenn andere oder wir selbst vor anderen das Ganze nochmals in eigene Worte fassen. Gegenseitiges Abfragen hilft ebenfalls beim Lernen und steigert die Motivation. Dann merkst du, dass du bereits Wissen wiedergeben kannst. Dies kann auch deine Angst reduzieren.

Strategie 4: Freue dich über deine Erfolge, auch über die kleinen Schritte. Führe dir vor Augen, was du bereits erreicht und verstanden hast. Dein Lerntagebuch kann dir dabei helfen, die Dinge zu sammeln, die du in deinem Lernprozess schon bewältigt hast. Mach dir auch bewusst, wie es dir momentan geht. Und was du tun wirst, wenn du dein Ziel, die Prüfung oder die Hausarbeit, abgeschlossen hast. Wie wird es dir dann gehen? Was tust du dann? Stell dir das Ganze ruhig mit geschlossenen Augen bildlich vor. Wir denken in Bildern und deine negativen Bilder von der Zukunft sollten Konkurrenz bekommen. Sie sind vermutlich nicht so realistisch, wie du vielleicht jetzt noch befürchtest. Positive Bilder können dich motivieren und voranbringen.

Strategie 5: Setze dir Ziele! Ziele sind unsere Zugpferde. Wenn wir wissen in welche Richtung wir wollen und was unser Ziel ist, ist es viel einfacher, kleinere Teilschritte oder Teilziele zu formulieren und diese nach und nach abzuarbeiten. Für jeden Teilschritt kannst du dich dann belohnen.

Auch in Bezug auf die Bewältigung der Prüfungsangst sind Ziele wichtig. Was sind deine drei wichtigsten Ziele? Formuliere sie am besten mal für dich selbst und überlege dir genau, wann du sie erreicht hast.

MEINE ZIELE:

Ziel 1:
Woran merke ich, dass ich Ziel 1 erreicht habe?

Ziel 2:
Woran merke ich, dass ich Ziel 2 erreicht habe?

Ziel 3:
Woran merke ich, dass ich Ziel 3 erreicht habe?

Motivation fällt uns dann leichter, wenn wir generell gut mit uns selbst umgehen. Genuss und Leichtigkeit sind Begriffe, die in diesem Zusammenhang hilfreich sein können. Lerne, in dein Leben immer wieder Zeit für dich einzubauen, in der du Dinge tust, die dich in positive Stimmung versetzen. Genieße bewusst! Widme dich den Dingen, die du tust mit voller Aufmerksamkeit. Gehe mit einem Lächeln auf den Lippen in den Tag. Bleib gerade dann entspannt, wenn es stressig wird. Das hilft dir, einen klaren Blick zu behalten und die Motivation nicht zu verlieren. Gönne dir Auszeiten. Habe Spaß an der Sache!

Schritt 5: Umgang mit Prüfungsangst – Was mache ich denn nun damit?

5.1 Selbstwert und Prüfungsangst
5.2 Angstgedanken verändern
5.3 Dinge anders angehen als bisher
5.4 Unangenehme Emotionen tolerieren lernen
5.5 Das Blackout bewältigen
5.6 Die Kraft der Bilder nutzen
5.7 Mit anderen zusammen üben
5.8 Zur Ruhe kommen

Nachdem du deine individuellen Gründe und Voraussetzungen analysiert und dein Lernverhalten beleuchtet hast, geht es nun „ans Eingemachte": das Gefühl der Angst, die Angstgedanken und die körperlichen Begleiterscheinungen. Das heißt, die Aspekte der Prüfungsangst, die für das Leiden verantwortlich sind. Du erfährst, wie du mit dem Gefühl umgehen kannst und die körperlichen Symptome richtig einordnest. Auf deinem bisherigen Weg hast du bestimmt schon einiges ausprobiert, um mit deiner Angst besser umzugehen. Folgende Fragen sollen dir dabei helfen, deinen Fokus und dein Ziel bei der Bearbeitung des nächsten Kapitels klar in den Blick zu bekommen:

> Was sind deine bisherigen Strategien im Umgang mit der Prüfungsangst?
> Bei welchen Aspekten deiner Angst brauchst du weitere Unterstützung?
> Was ist dein Ziel für die Bearbeitung dieses Kapitels?
> Woran merkst du, dass du dein Ziel erreicht hast? Was ist dann anders und wie ist es dann?

5.1 Selbstwert und Prüfungsangst

Zu der Bedeutung des Selbstwertes im Zusammenhang mit Prüfungsangst hast du in Kapitel 2 schon einiges erfahren. Der Selbstwert spiegelt die Meinung, die du von dir hast. Nun wollen wir diesen Punkt noch einmal vertiefen. Bitte beantworte zunächst die folgenden Fragen, am besten auf einem Blatt Papier.

> Worin siehst du Stärken? Was kannst du gut? Was magst du an dir?
> Was gelingt dir in der Prüfungsvorbereitung und in Prüfungen gut?
> Wo siehst du deine Schwächen? Was traust du dir nicht zu?
> Was genau möchtest du bezüglich deines Selbstwertes ändern? Was möchtest du stärken?
> Bezogen auf deine Prüfungsangst, in welchem Bereich möchtest du dir mehr vertrauen können?

Nun hast du dich und deine Ziele zum Thema Selbstwert gut im Blick. In Schritt 2 hast du deine eigene prüfungsangstbezogene Geschichte analysiert. Vielleicht waren dort Erlebnisse beteiligt, welche die Entwicklung deines Selbstwertes mitbestimmt haben. Wie du bereits weißt, können frühere Erfahrungen auch im Hier und Jetzt noch großen Einfluss auf dich und dein Selbstbild haben. Wenn die Botschaften aus den Erfahrungen der Vergangenheit ein negatives Licht werfen, dich in eine dunkle Ecke drängen, ist es besonders wichtig, dass du lernst, dich davon zu distanzieren. Du kannst trainieren, dich von diesen Botschaften zu lösen. Du kannst lernen, dich heute anders zu betrachten als in der Vergangenheit. Das hilft dir, in Prüfungen mehr bei dir zu bleiben und weniger darüber nachzugrübeln, was andere von dir denken könnten.

Der Selbstwert ist ein umfassendes Konzept und wird daher auch unterschiedlich umfassend definiert. Um deinen Selbstwert zu stärken, kannst du an verschiedenen Punkten ansetzen:

Akzeptiere dich so wie du bist!
Das heißt nicht, dass du dich nicht mehr verändern darfst. Aber es ist wichtig, dich für den jetzigen Augenblick so zu akzeptieren, wie du aktuell bist.

TIPP

Um dich daran zu erinnern, dass du in Ordnung bist, kannst dir zum Beispiel eine Botschaft auf eine kleine Karteikarte schreiben und in dein Portemonnaie packen oder an deine Zimmertür heften. So eine Botschaft könnte lauten: „Du bist gut, so wie du bist!“. Dann ist es dir möglich, diese Botschaft über den Tag immer wieder zu lesen und dadurch zu verinnerlichen.

Sorge gut für dich!
Sich selbst und die eigenen Bedürfnisse wichtig zu nehmen, ist ein zentraler Aspekt der Wertschätzung der eigenen Person. Deine Bedürfnisse nimmst du am besten wahr, indem du immer mal wieder inne hältst, nachspürst, wie es dir geht und was dir in diesem Moment guttun könnte. Das kann eine Pause sein, ein Glas Wasser, ein Gespräch mit einem Freund oder einfach nur ein tiefer Atemzug frische Luft. Eine Kleinigkeit zu tun oder zu verändern kann bereits eine große Wirkung haben und zu deinem Wohlbefinden beitragen.

Schließe die Augen und konzentriere dich für ein paar Augenblicke auf deinen Atem. Du musst nichts tun, nimm einfach wahr, wie der Atem fließt. Er tut dies von ganz alleine. Spüre nach, wie es dir geht. Konzentriere dich darauf, wie du gerade da sitzt. Wie fühlt sich dein Körper an? Bereise ihn von Kopf bis Fuß. Was kannst du wahrnehmen? Ist deine aktuelle Position bequem für dich? Bemerkst du Spannungen in deinem Körper? Verändere nun deine Sitzposition. Probiere verschiedene Optionen aus. Lass dir Zeit dabei. Nun entscheide dich für die Sitzposition, die für dich aktuell am angenehmsten ist. Nimm noch für einige Augenblicke deinen Atem wahr. Dann öffne langsam wieder deine Augen und komm wieder im Hier und Jetzt an.

Wie geht es dir nach dieser Übung?
Was hast du wahrgenommen?
Was hast du verändert?
Diese Übung kannst du immer wieder in deinen Alltag einbauen.

Mach dir deine Fortschritte und Erfolge bewusst!
Es ist unerlässlich für unser Selbstwertgefühl, dass wir den Eindruck haben, durch unser Handeln Dinge beeinflussen und verändern zu können. In der Psychologie wird dies nach Albert Bandura (vgl. Bandura, 1977) auch Selbstwirksamkeitserwartung genannt. Um uns bewusst zu werden, dass wir kompetent genug sind, um Handlungen selbst durchzuführen, ist es wichtig, uns unsere Fortschritte und Erfolge immer wieder vor Augen zu führen. Du wärst nicht dort, wo du jetzt bist, wenn du durch dein Handeln nicht Dinge erreichen könntest!

Stehe zu dir selbst, deiner Meinung und deinen Entscheidungen!
Sich selbst zu akzeptieren findet zunächst eher innerlich statt. Aber auch im Außen ist es wichtig, zu sich selbst zu stehen. Das bedeutet nicht, dass du deine Entscheidungen im Nach-

hinein – wenn du einen anderen Eindruck gewonnen hast – nicht korrigieren darfst. Allerdings wächst du inner ich, wenn du zu dir stehst, auch zu deinen Fehlern. Kein Mensch ist perfekt und es wird immer Menschen geben, die nicht mit dir einer Meinung sind. Das bedeutet jedoch nicht, dass mit dir etwas nicht in Ordnung ist. Du musst dich nicht anderen anpassen, um akzeptiert zu werden. Viele Menschen finden gerade solche Menschen sympathisch, die sich klar positionieren, auch wenn ihnen nicht von allen Seiten zugestimmt wird. Mach dir bewusst, was deine Werte sind, woran du glaubst. Dann stehe dazu. Wir müssen wissen, wer wir sind, um uns zu akzeptieren. Dazu gehört, dass wir uns unser Leben lang weiterentwickeln.

Sei dir deiner Ziele bewusst und gehe deinen Weg!
Wie du bereits weißt, sind unsere Ziele die Zugpferde, die uns durch das Leben ziehen. Ohne sie gäbe es Stillstand. Nicht nur bezogen auf die Prüfungsvorbereitung hast du Ziele, sondern du setzt sie dir bewusst oder unbewusst jeden Tag auch in privaten und alltäglichen Dingen. Mache sie dir bewusst und gehe den Weg zum Ziel in vollem Bewusstsein dass du diesen Weg gehst und warum du ihn gehst. Dein Weg ist dein individueller Weg. Du kannst und darfst ihn mit erhobenem Kopf und geradem Rücken entlangschreiten.

5.2 Angstgedanken verändern

Unser Denken beeinflusst unsere Gefühle und unser Verhalten. Auf dieser grundlegenden Annahme beruhen viele psychotherapeutische Methoden, die zur Bewältigung von Ängsten beitragen können. Was genau wir in bestimmten Situationen denken, ist uns zumeist nicht vollständig bewusst. Das Denken geschieht ganz automatisch. Viele Menschen bemerken zunächst ihre Gefühle, da diese deutlicher wahrzunehmen sind. Wenn die Prüfung ansteht, ist die Angst scheinbar sofort da. Dass wir vorher die Situation in irgendeiner Art und Weise bewertet, also uns schon vorher etwas dazu gedacht haben, ist uns im Angstmoment oft nicht bewusst. Wir können allerdings trainieren, unsere Bewertungen zu erkennen und in einem nächsten Schritt zu verändern.

Die unter anderem von Aaron Beck und Albert Ellis begründete *Kognitive Verhaltenstherapie* (vgl. Beck, 1979; Ellis, 1974) hat hierzu Konzepte entwickelt, die auch in der Bearbeitung von Prüfungsängsten Anwendung finden. Kognitionen, also unsere Gedanken und deren Bearbeitung, stehen hierbei im Fokus.

In einem ersten Schritt werden die Gedanken bewusst gemacht, dann erfolgt deren Überprüfung und Korrektur. Im letzten Schritt sollen die korrigierten Gedanken trainiert und in den Alltag und somit auf das eigene Verhalten übertragen werden. Die Korrektur der Gedanken ist deshalb wichtig, weil festgestellt wurde, dass die emotionale Reaktion auf eine Situation auch in Abhängigkeit von den vorhandenen Gedanken entsteht. Was wir denken, beeinflusst also unsere Gefühle und verändert somit unsere Wahrnehmung der Situation. Wie in Kapitel 1 schon erwähnt und wie du aus dem Vergleich deiner Reaktion mit deinen Kommilitonen weißt, reagiert nicht jeder auf das Thema „Prüfung" gleich. Auch bei prüfungsängstlichen Menschen zeigen sich Unterschiede in der Art und Ausprägung der Prüfungsangst. Während Person A bereits Angst während der Prüfungsvorbereitung erlebt, kommt die Angst bei Person B erst in der Prüfung selbst auf. Die Gedanken sind also ein wichtiger Auslösefaktor für die Angstgefühle. Daher ist es wichtig, sich bewusst zu werden, wie man die Situationen bewertet, die einen in Angst versetzen.

Wie werden diese Gedanken denn nun verändert? Ein Beispiel: Wir erinnern uns an Thomas und seine negativen Prüfungserfahrungen. Wenn Thomas eine Prüfung bevorsteht, tauchen folgende Gedanken automatisch in seinem Kopf auf:

„Es wird bestimmt wieder so schlimm! Der Prüfer wird mich bestimmt vorführen und ich werde versagen."

So ein Gedanke wird in der Psychotherapie auch Denkfehler (vgl. z. B. Wilken, 2015) genannt. In diesem Fall handelt es sich um eine Übergeneralisierung. Aufgrund einer einzigen Erfahrung schlussfolgert Thomas, dass sich diese in ähnlichen Situationen auf jeden Fall wiederholen wird. Dabei sind es durchaus unterschiedliche Situationen und es sind auch nicht mehr die gleichen Personen beteiligt wie in seiner traumatischen Situation. Außer er selbst. Es ist verständlich, dass die traumatische Erfahrung Thomas immer noch „nachhängt". Aber es ist nicht hilfreich, weiterhin in diese Richtung zu denken. Und es entspricht auch nicht der Realität oder den Tatsachen. Obwohl Thomas mittlerweile bestimmt schon andere Prüfungserfahrungen gemacht hat, kann er sich von seiner Befürchtung nicht lösen. Um die Prüfungsangst zu bewältigen ist dies allerdings notwendig für ihn.

Wie können seine Gedanken denn nun überprüft und verändert werden? Hierzu gibt es verschiedene Methoden. Das Wichtigste ist, die eigenen Gedanken zunächst einmal in Frage zu stellen.

Woher will Thomas wissen, dass der neue Prüfer ihn vorführen wird? Ist das bisher in jeder Prüfung und mit jedem Prüfer passiert? Ist es also realistisch? Ist es hilfreich für das Bestehen der Prüfung?

Thomas geht zunächst zu 100% davon aus, dass er die Prüfung nicht bestehen wird. Ist dies bisher schon bewiesen? Wenn nicht, wie begründet er diese Annahme? Welche Belege dafür kann er anführen? Was an der heutigen Situation unterscheidet sich von der damaligen? Hat vielleicht auch

Thomas sich verändert? Sind seine Gedanken hilfreich für Thomas? Könnte er die Situation auch anders betrachten? Was würde Thomas einem Freund in der gleichen Situation raten, der solche Befürchtungen hegt?

Mit derlei Fragen kann Thomas im besten Fall seine Überzeugung von dem katastrophalen Ablauf der Prüfung etwas lockern oder zumindest die angenommene Wahrscheinlichkeit der Katastrophe reduzieren. Das wäre ein guter Anfang. Dann sollte er sich immer wieder „Stopp!" sagen, oder sich ein Stopp-Zeichen vorstellen, sobald dieser alte Gedanke auftaucht. Ihn also nicht weiterdenken.

Im nächsten Schritt sollten dann alternative Gedanken formuliert werden, die realistischer und weniger schädlich sind. Für Thomas könnte so eine alternative Situationsbewertung beispielsweise lauten:

„Ich habe zwar in der Vergangenheit erlebt, dass Prüfer sich unangemessen verhalten können. Dies passiert allerdings nicht in jedem Fall. Die Wahrscheinlichkeit ist sogar eher gering. Ich habe mich gut vorbereitet und gebe mein Bestes. Dann kann ich diese Prüfung bewältigen."

Im letzten Schritt schreibt sich Thomas diese neuen Gedanken beispielsweise auf eine Karte und wiederholt sie wie eine Vokabel. Das heißt, er liest sich die Karte immer wieder durch. Wenn weitere negative, angstauslösende Gedanken auftauchen, hinterfragt er diese wieder nach dem oben vorgestellten Muster und überlegt sich alternative Gedanken.

Zudem gilt zu überlegen, wie er seine Haltung und sein Verhalten vor und in Prüfungen entsprechend des veränderten Gedankens anpassen kann. Sollte er zuvor die Teilnahme an Prüfungen vermieden haben, wäre seine jetzige Übungsaufgabe, wieder an Prüfungen teilzunehmen und sich seine neue Bewertung der Situation bei diesem Schritt immer wieder vor Augen zu führen.

Beispielhafte Umbewertungen für die anderen in Schritt 2 vorgestellten Studierenden findest du hier:

Sophies automatische Bewertung könnte lauten: „Ich schaffe das alles in der Zeit nicht. Es muss aber perfekt sein, ich muss die Bestnote erreichen."
Eine hilfreiche Umbewertung wäre hingegen: „Ich gehe die Fragen der Reihe nach an und gebe das mir in der aktuellen Situation Bestmögliche. Es ist nicht hilfreich, über Noten nachzudenken. Ich kann das schaffen und konzentriere mich jetzt."

Katrins Befürchtung könnte heißen: „Ich werde mich bestimmt völlig blamieren. Ich kann das nicht, ich werde wieder stottern und nicht weiter wissen. Es wird schrecklich werden."
Eine Alternative könnte sein: „Ich konzentriere mich auf die Fragen und den Inhalt der Prüfung. Ich bin gut vorbereitet und kann die Prüfung bewältigen. Ich bin in Ordnung wie ich bin. Selbst, wenn ich etwas Falsches sagen sollte, ist das keine Katastrophe."

Die alternativen Bewertungen sollten immer realistisch bleiben, es muss für dich „denkbar" sein. Ansonsten wird es sehr schwierig, die neuen Gedanken wirklich zu verinnerlichen. Du kannst die Gedanken auch stückweise verändern, wenn dir dieser Schritt schwerfällt.

Nun also zu dir. Hier findest du ein Übungsschema, mit dem du deine automatischen Bewertungen zum Thema Prüfung erfragen, hinterfragen und verändern kannst. Was bedeutet eine solche Veränderung für dein Verhalten vor und in Prüfungssituationen?

Übungsschema „Bewertungen verändern"

Mein hinderlicher negativer Gedanke/ meine Bewertung lautet:

„____!"

Er tritt in folgender Situation auf (z. B. beim Lernen):

____

Ich habe dann dieses Gefühl (z. B. Angst):

____

Das Gefühl ist so stark (0 = kein Gefühl – 10 = extrem starkes Gefühl):

____

Ich verhalte mich dann so (z. B. aufhören zu lernen):

____

Meinen hinderlichen Gedanken/ meine Bewertung hinterfragen:
Habe ich Beweise, dass dieser Gedanke/ diese Bewertung genau so stimmt?

____

Hindert mich diese Art zu denken daran, mein nächstes Ziel zu erreichen?

____

Welche negativen Konsequenzen folgen, wenn ich weiter so denke?

____

Handelt es sich um einen klassischen Denkfehler? Wenn ja, um welchen?

____

Möchte ich anders denken und weiter an meinem Ziel arbeiten?

____

Welcher Gedanke/ welche Bewertung wäre hilfreicher für mich?:

____

Mein neuer Gedanke/ meine neue Bewertung:

„____!"

Wie werde ich diesen neuen Gedanken/ diese neue Bewertung in der kommenden Zeit trainieren?

____

Arbeitsblatt 7: Übungsschema „Bewertungen verändern"

Bei Thomas hatten wir den Denkfehler der Übergeneralisierung identifiziert. Es gibt natürlich eine Vielzahl weiterer Denkfehler. Diese enthalten typischerweise Pauschalisierungen, es wird nicht oder nicht ausreichend differenziert. Genau das stellt zumeist das Problem dar, welches zu emotionalem Leiden führt. Weitere typische Denkfehler (vgl. z. B. Potreck-Rose, 2006; Wilken, 2015) bei Prüfungsangst können sein:

- Emotionale Beweisführung: „Weil ich Angst habe, wird es auch schrecklich!"
- Gedankenlesen: „Der Prüfer denkt, dass ich es sowieso nicht kann."
- Katastrophisieren: „Es wird bestimmt ganz furchtbar werden. Ich werde peinlich versagen."
- Personalisieren: „Es liegt an mir, dass der Prüfer so streng guckt."
- Positives Externalisieren, Negatives Internalisieren: „Das ich die Prüfung bestanden habe war Zufall." „Das ich durchgefallen bin, liegt daran, dass ich nichts kann."
- Etikettierung: „Ich bin durchgefallen. Ich bin ein Versager."

Erkennst du einen oder mehrere der Denkfehler wieder? Begleiten dich diese auch bei deiner Prüfungsangst? Man könnte vereinfacht sagen, dass jegliche Extreme in unseren Gedanken, gepaart mit negativen Gefühlen, auf Denkfehler hindeuten. Die Welt ist nicht nur schwarz und weiß. Es gibt immer Graustufen. Situationen unterscheiden sich, man kann auch überrascht werden. Du kannst im Vorhinein nie wissen, wie eine Prüfung genau ablaufen wird. Jede Situation, jeder Prüfer ist anders. Und auch ein Prüfer ist, so wie du, jeden Tag ein wenig anders drauf.

Natürlich kann unsere Erwartungshaltung an eine Situation auch den Ablauf und Ausgang der Situation beeinflussen. Der Soziologe Robert K. Merton beschrieb dazu bereits 1948 das

Konzept der selbsterfüllenden Prophezeiung (vgl. Merton, 1948): Die falsche Einschätzung einer Situation im Vorfeld zieht ein entsprechendes Verhalten nach sich, welches dafür sorgt, dass sich die Einschätzung der Situation bestätigt. Auf eine Prüfungssituation bezogen könnte das im Fall von Thomas heißen: Seine Erwartung, schlecht behandelt zu werden und durchzufallen, führt dazu, dass er sich bereits ärgerlich und abweisend gegenüber dem Prüfer verhält und bezüglich seiner Antworten auf gestellte Fragen zögerlich oder unsicher ist. Dies kann selbst bei dem freundlichsten und verständnisvollsten Prüfer dazu führen, dass dieser ungeduldig oder unfreundlich reagiert. Wobei allerdings in den seltensten Fällen mit einem unangemessen abwertendem Verhalten zu rechnen ist, wie Thomas es in seiner Schulzeit erlebt hat.

Auch diese Erkenntnis macht noch einmal deutlich, wie wichtig es ist, die Bewertung, die wir von gewissen Situationen haben, zu hinterfragen und an die Tatsachen anzupassen. Dies reduziert nicht nur die eigene emotionale Reaktion und das Leiden, sondern ermöglicht auch ein verändertes Verhalten, welches mit hoher Wahrscheinlichkeit eher zu Erfolg führt. Eine gute inhaltliche Vorbereitung auf die Prüfung, wie in Schritt 4 beschrieben, vorausgesetzt. Ohne Lernen ist die erfolgreiche Bewältigung einer Prüfung selbstverständlich reine Glückssache.

Hinter den in der jeweiligen Prüfungssituation automatisch auftretenden Gedanken, wie in Thomas Beispiel gezeigt, können auch grundsätzliche Annahmen über die eigene Person stehen. Die vorgestellten Denkfehler haben dies bereits gezeigt. Das grundsätzliche Bild von uns und der Welt spielt eine wesentliche Rolle bei der automatischen Bewertung aktueller Situationen.

So genannte Grundannahmen beziehen sich oft nicht nur auf eine bestimmte Situation, wie die Prüfung, sondern beeinflussen global Bewertungen aller Situationen, die thematisch in den Rahmen passen. Eine Grundannahme kann zum Beispiel lauten: „Wer Fehler macht ist unfähig!" Wenn jemand in der Kindheit und Jugend eine solche Grundannahme erworben hat, wird er diese vermutlich nicht nur auf Prüfungssituationen beziehen, sondern sich auch in anderen Situationen abwerten, in denen er Fehler macht. Auch solche Annahmen kann man hinterfragen und verändern. Das Ganze erfordert zunächst den Willen, etwas zu verändern, und dann viele Wiederholungen. Mit der Zeit wird es deutlich einfacher, die eigenen Gedanken zu erkennen und entsprechend zu korrigieren. Die Arbeit an deinem Selbstwert, die du in Schritt 5.1 bereits begonnen hast, trägt dazu bei, generelle negative Annahmen über die eigene Person zu reduzieren.

Neben der Korrektur negativer Gedanken kannst du auch direkt positive Bewertungen und Gedanken fördern und trainieren. Wie oben im Beispiel von Thomas kannst du hilfreiche Gedanken auf eine Karteikarte schreiben, die du mit dir führst und immer wieder liest. Auch kannst du in deiner Wohnung Aufkleber, zum Beispiel in Form von bunten Punkten, verteilen. Wann immer du einen dieser Punkte siehst, rufst du dir den neuen Gedanken ins Gedächtnis und trainierst ihn somit.

5.3 Dinge anders angehen als bisher

Wenn du dein Denken veränderst, hat dies oft einen direkten Einfluss auf deine Emotionen und somit auch auf deine Verhaltensoptionen. Wenn du weniger Angst empfindest, kann es dir beispielsweise leichter fallen eine Prüfung auch wirklich anzutreten oder dich auf sie vorzubereiten.

Typische Verhaltensimpulse oder -weisen bei Prüfungsangst sind: aufschieben und vermeiden. Diese wenig hilfreichen Strategien können bereits im Lernprozess und/oder in der Prüfung angewendet werden. Ob dein typisches Bewältigungsverhalten hilfreich für dich ist, analysierst du am besten, in dem du dir die kurz- und langfristigen Konsequenzen deutlich machst. Kurzfristig können die Konsequenzen positiv wirken. So hast du möglicherweise weniger Angst, wenn du dich vom Lernen ablenkst. Wenn du zur Prüfung erst gar nicht antrittst, dann tritt vielleicht weniger Prüfungsangst auf. Langfristig ist dieses Verhalten allerdings alles andere als förderlich und zielführend. Nicht nur, dass du dein Studium nicht abschließen kannst, wenn du die Prüfungen nicht antrittst. Auch gedanklich und emotional gibt es negative Folgen. Deine Bewertung der Prüfungssituation als „kritisch und gefährlich" wird verstärkt. Deine negativen Annahmen über dich als Person und deine Leistungsfähigkeit verstärken sich. In der Folge verändert sich auch dein emotionales Erleben. Du bekommst noch mehr Angst. Neben der direkten Arbeit an deinen Gedanken ist es daher empfehlenswert, dass du dir dein Verhalten in Angstsituationen nochmals genauer ansiehst. Schreib deine Gedanken dazu möglichst auf.

Wenn du Angst empfindest, was ist dein Verhaltensimpuls? Was möchtest du am liebsten tun?
Was sind die kurzfristigen Konsequenzen deines Verhaltens?
Was sind die langfristigen Konsequenzen deines Verhaltens?
Wie verhältst du dich in der Regel, wenn du Prüfungsangst hast?
Wie willst du dich in Zukunft verhalten?
Was wirst du tun, um das gewünschte Verhalten zu erreichen?
Welche neuen Strategien und Techniken wirst du einsetzen?
Wann wirst du beginnen, etwas anders zu machen?

Für jeden Veränderungsprozess ist es wichtig, einen Anfang zu finden. Fange daher am besten direkt an und verändere gleich etwas. Ansonsten setze dir unbedingt einen konkreten Termin, am besten möglichst bald. Andernfalls ist die Wahrscheinlichkeit hoch, dass du weiter aufschiebst und letztendlich keinen Beginn für den Veränderungsprozess findest. Die Türschwelle zur Veränderung, also der erste Schritt, ist oft der schwierigste. Danach geht es um das Dranbleiben und Trainieren. Du könntest dich beispielsweise heute noch an den Schreibtisch setzen und einen Zeitplan für deine Prüfungsvorbereitung erstellen.

5.4 Unangenehme Emotionen tolerieren lernen

Auch wenn du deine Gedanken korrigiert hast und zumindest kognitiv dem Prüfungsthema anders begegnest, und auch wenn du dein Verhalten zu verändern trainierst: Emotional kannst du dennoch weiterhin starke Angst empfinden. Dies hat vielfältige Ursachen.

Folgendes Bild beschreibt gut, was das Problem ist: Der Verstand ist ein Tiger, er kann die vorgegebene Strecke schnell laufen und hinter sich bringen. Das Gefühl ist eine Schnecke, es braucht ganz viel Zeit, um beim gleichen Ziel anzukommen wie der Tiger.

Dies bedeutet für deinen Veränderungsprozess, dass du Geduld benötigst. Motiviere dich immer wieder, deine Gedanken und dein Verhalten zu modifizieren. Das Gefühl wird seinen Weg ans Ziel ganz sicher finden. Es benötigt nur mehr Zeit. Für den Moment hilft es, das unangenehme Gefühl „einfach" tolerieren zu lernen. Mach dir bewusst, dass die Angst ein normaler körperlicher Schutzprozess ist. Nur weil du Angst hast, wird nicht zwingend etwas Schlimmes passieren. Wenn du deinem Körper genug Zeit und Raum gibst, ihn nicht ständig durch neue Angstgedanken antreibst, wird er das physiologische Angstgeschehen von alleine wieder in den Ruhezustand zurück regulieren. Für den Moment ist das zwar sehr anstrengend, aber du kannst lernen, das unangenehme Gefühl der Angst zuzulassen. Dies wird durch Übung immer einfacher. Eine Technik, diese Angst zu bewältigen, lernst du in der nachfolgenden Übung.

DIE ANGST IST EINE WELLE

Konzentriere dich auf das Gefühl der Angst in dir. Fühle genau hin, auch wenn dies sehr unangenehm ist. Lass dich nicht ablenken, komm bei dir und deinem Gefühl an. Nimm wahr, wo in deinem Körper du die Angst spürst. Wie fühlt sie sich an? Konzentriere dich auf das Gefühl der Angst in deinem Körper, nicht auf deine Gedanken. Stelle dir vor, das Gefühl der Angst sei eine Welle im Meer. Die Welle brandet an den Strand, bricht sich dort im Sand. Dann fließt das Wasser wieder zurück ins Meer. So ist es auch mit deiner Angst, die Angst kommt, breitet sich in deinem Körper aus... Dann geht sie wieder zurück. Die Angst kommt... und geht... Bleibe bei dem Wellenbild und folge dem Gefühl der Angst in deinem Körper. Bleibe so lange dort, bis die Angstwellen abflachen und langsam abklingen.

Wenn du die Akzeptanz von Emotionen regelmäßig trainierst, unterstützt du deinen Körper dabei, sich in Angstzuständen wieder gut und schnell zu beruhigen. Zudem lernst du am eigenen Beispiel, dass die Angst an sich zwar sehr unangenehm, aber nicht gefährlich ist und wieder vorübergeht. Diese Erkenntnis kannst du dann wieder kognitiv, das heißt gedanklich, nutzen, um deine Erwartungshaltung und damit auch die Bewertung von angstauslösenden Situationen zu verändern.

Das bedeutet: Wenn du dein Denken änderst, hat dies einen Einfluss auf die Intensität deiner Angst. Wenn du deinen Umgang mit der Angst veränderst, sie besser „aushältst“, verändert dies zudem, wie du über die Angst denkst. Du kannst sie dann zum Beispiel als weniger bedrohlich wahrnehmen. So greifen die Zahnräder deiner Uhr der Veränderung immer besser ineinander und der Prozess der Angstbewältigung schreitet hilfreich voran. Du wirst merken, dass es dir im Verlauf immer leichter fällt das Geschehen zu analysieren und an deinen Stellschrauben zu drehen. Prüfungen werden dir leichter fallen, auch wenn Prüfungen möglicherweise nie zu deiner liebsten Aufgabe werden. Dein Anspruch sollte nicht zu hoch sein.

Neben dem emotionalen Erleben reagiert, wie du weißt, auch dein Körper bei Angst. Die so genannte Alarm- oder Stressreaktion tritt ein. In dieser Stressreaktion reagieren wir automatisiert. Deine typischen Angstgedanken treten dann automatisch auf, beziehungsweise, deine angstbesetzte Bewertung löst in einer Situation die Stressreaktion aus. In der Notfallreaktion des Körpers ist es oft schwer, die eigenen Gedanken bewusst wahrzunehmen und zu korrigieren. Du bist vermutlich primär mit den starken Körperreaktionen und deiner Angst beschäftigt. Mit der folgenden Übung kannst du dir diese Tatsachen bewusst machen und die Körpersymptome „runterfahren“.

KEIN ALARM NOTWENDIG

1. Wenn du bemerkst, dass dein Körper sich in den Alarmzustand versetzt hat, musst du deinen Verstand erst einschalten. Mache dir daher bewusst, in welcher Situation du dich befindest und was passiert ist bzw. wodurch der Alarm ausgelöst wurde.
2. Nimm bewusst wahr, wie dein Körper reagiert, welche Veränderungen du wahrnehmen kannst. Sei dabei wie ein neutraler Beobachter.

3. Bleibe im Beobachterstatus und beschreibe deine Gedanken, Gefühle und deine Verhaltensimpulse.
4. Konzentriere dich auf deinen Atem. Nimm wahr, wie die Luft kühl durch die Nase einströmt und vom Körper erwärmt wieder hinausströmt. Versuche nichts zu verändern. Lass den Atem fließen, dein Körper atmet von ganz allein.
5. Sage dir selbst: „Mir ist bewusst, dass mein Körper gerade eine Alarmreaktion ausgelöst hat. Im Alarm neige ich dazu, auch gedanklich angstvoll zu reagieren. Die Wahrscheinlichkeit, dass meine Befürchtungen eintreten, ist allerdings sehr gering. Im Alarm fällt es mir schwer, alternative Gedanken zu denken. Doch es wird mir leichter möglich sein, sobald ich wieder ruhiger bin."
6. Gib dir und deinem Körper Zeit. Nimm deinen Atem noch für einige Augenblicke wahr. Überprüfe immer wieder, ob du körperlich ruhiger wirst und versuche, andere Bewertungen und neue Handlungsmöglichkeiten zu denken.

5.5 Das Blackout bewältigen

Wie in Kapitel 1 erläutert, stellt das so genannte Blackout eigentlich keine außergewöhnliche Situation dar, sondern entsteht vielmehr aufgrund starker Erregung in Situationen, die eine große Anforderung an unsere Konzentrationsfähigkeit darstellen. So erleben die meisten Menschen, die im Mittelpunkt der Aufmerksamkeit anderer stehen, wie zum Beispiel Redner oder Schauspieler, derartige Blackouts immer wieder im Laufe ihrer Karriere. Auch regelmäßige Übung schützt nicht davor, dass man mal „den Faden verliert". Geübte wissen im Vergleich zu Ungeübten allerdings, wie sie diesen Schreckmoment gut überwinden können. Entscheidend ist, wie du die Aufregung in diesem Moment meisterst. Das kannst du erlernen und trainieren. Maßgeblich ist auch hierbei, wie du das Blackout bewertest. Wenn du entscheidest, aufzugeben, kann das deine Verzweiflung vergrößern. Dies hält das Blackout weiterhin aufrecht. Wenn du dich entscheidest, weiterzumachen, die Situation zu überwinden, ist der wichtigste Schritt zur Bewältigung des Blackouts eigentlich schon getan. Du lenkst dadurch deine Gedanken in eine andere Richtung. Allerdings gelingt dies nur, wenn du die große Angst in dem Moment des Blackouts auch aushältst. Wie du das Gefühl der Angst aushalten kannst, hast du bereits gelernt. Wie du deine Angstgedanken einordnest und korrigierst, weißt du auch. All diese Techniken kannst du hier nutzen. Bewerte das Blackout als etwas Normales, nicht als Katastrophe, dann geht es zumeist schnell wieder weiter, auch in deinem Kopf.

TIPPS ZUM UMGANG MIT DEM BLACKOUT:

- Akzeptiere das Blackout. Er wird vorüber gehen.
- Atme tief durch. Akzeptiere die Angst.
- Korrigiere deine Bewertung: „Das kann jedem passieren. Die nächste Frage kann ich bestimmt beantworten."
- Sprich weiter über Dinge, die relevant sein könnten und dir in diesem Moment einfallen.
- Bitte den Prüfer die Frage noch einmal zu wiederholen oder eine neue Frage zu stellen.

Mit solchen kleinen Tricks und Kniffen kannst du deinem Gehirn den Raum geben, den es braucht, um das Blackout zu überwinden. Zudem gibst du deinem Körper die Zeit, die er benötigt, um aus dem Alarmzustand herauszukommen.

Durch die Korrektur deiner Bewertung verhinderst du, dass die Angst und damit deine Erregung weiter angeheizt wird. Wenn dir diese neue Art der Bewältigung einmal gelungen ist, wird es dir zukünftig immer leichter fallen. Das Blackout ist dann keine Katastrophe mehr. So sollte es auch sein. Eine unangenehme Situation kann es natürlich dennoch sein und bleiben. Das ist „den Faden zu verlieren" für jeden. Du kannst dir bewusst machen, dass dein Prüfer so einen Hänger mit Sicherheit auch schon mal erlebt hat.

5.6 Die Kraft der Bilder nutzen

Du hast bereits erfahren, dass unser Gedächtnis Informationen gerne bildhaft speichert. Auch weißt du, dass du dir die Prüfung und deren Verlauf bereits im Vorhinein problemlos bildlich vorstellen kannst. Unsere Befürchtungen bezüglich einer Situation beeinflussen unsere Bilder. Wenn du dich vor Prüfungen fürchtest, dann wirst du den Ablauf der Prüfungen entsprechend deiner Bewertung sehen. Am einfachsten kannst du dein Bild der Prüfung auf die Probe stellen, indem du die Augen schließt und an die Prüfung denkst. Was siehst du? Wo befindest du dich? Wer ist noch da? Was passiert?

Mit Hilfe so genannter Imaginationstechniken kannst du dein Bild von der Prüfung verändern. Imagination ist also eine weitere Technik, um deine Prüfungsangst zu reduzieren. Sobald du mit einem anderen, hilfreichen Bild der Prüfung in dieselbe gehst, wird weniger Angst ausgelöst. Zudem veränderst du durch die Veränderung des Bildes zeitgleich deine Bewertung der Situation.

Imagination bedeutet zwar, sich etwas bildhaft vorzustellen. Allerdings imaginieren wir Menschen alle auf unterschiedliche Art und Weise. Es kann sein, dass du tatsächlich Bilder siehst, wenn du deine Augen schließt. Es kann aber auch sein, dass du den Prüfungsablauf eher gefühlsmäßig wahrnimmst, vielleicht wie eine Geschichte, die du dir selbst erzählst. Studien zeigen, dass die imaginative Verarbeitung von Informationen zu einer starken emotionalen Aktivierung beziehungsweise zu stärkerer Angst führen kann (vgl. z. B. Holmes & Mathews, 2005). Deine Prüfungsangst ist etwas Emotionales. Sie kann durch Bewertungen oder Bilder ausgelöst werden. Bilder können Erinnerungen an frühere unangenehme Prüfungserlebnisse sein. Dies geschieht vermutlich bei Thomas. Die Imagination als Bewältigungsstrategie gibt uns die Möglichkeit, in der Vorstellung an den Bildern zu arbeiten und sie solange zu modifizieren, bis sie weniger angstauslösend sind. Dies gilt sowohl für die zukünftige Prüfungssituation als auch für die mit deiner Bewertung von Prüfungen in Verbindungen stehenden bildhaften Erinnerungen an vergangene Erlebnisse.

Wenn belastende Erinnerungen verändert werden sollen, ist natürlich klar, dass nicht die Vergangenheit selbst verändert werden kann. Was geschehen ist, ist geschehen. Aber die emotionale Bedeutung des Erlebten, die noch heute die Bewertung zukünftiger Situationen beeinflusst, kann verändert werden. Dies reduziert das Leiden und gibt dir die Möglichkeit, dich anders als gewohnt zu verhalten. Beispielsweise mit einem größeren Selbstbewusstsein in die Prüfung zu gehen.

Damit diese Ausführungen nicht nur theoretisch bleiben, wird nun wieder geübt. Lies dir zunächst die folgende Übung und das nachfolgende Beispiel von Katrin durch. Die Übung ist selbstverständlich freiwillig. Wenn du sie durchführen möchtest, ist es wichtig, dass du sie auf jeden Fall bis zu Ende durchführst. Das heißt, bis du das frühere Bild soweit veränderst hast, dass es dir bei der Vorstellung desselbigen emotional besser geht. Wenn möglich, kannst du die Übung auch mit einem guten Freund durchführen, dieser kann dich dann bei der Veränderung unterstützen. Manchmal fällt es uns nämlich selbst schwer, uns gesunde Alternativen auszudenken, da wir es nun mal so erlebt haben, wie wir es erlebt haben. Besonders, wenn dies schmerzhaft war und auch wenn wir eigentlich genau wissen, dass es von den anderen Beteiligten nicht in Ordnung war – wie im Beispiel von Katrin. Es findet durch diese Übung gedanklich wie emotional eine Umbewertung statt.

BELASTENDE ERINNERUNGEN

Schritt 1: Konzentriere dich auf deine Prüfungsangst. Wenn du magst, kannst du die Augen schließen. Du kannst sie aber auch geöffnet lassen. Lass deine Gedanken ziehen... Gibt es Situationen in deiner Vergangenheit, in denen du dich so oder so ähnlich gefühlt hast wie in Prüfungssituationen? Situationen, die möglicherweise mit deiner Prüfungsangst in Verbindung stehen oder auch nicht? Gibt es belastende Erinnerungen, die immer wieder auftauchen, wenn du Angst, auch Prüfungsangst, bekommst? Denke an die Erlebnisse von Sophie, Thomas und Katrin. Gibt es Parallelen in deiner Geschichte? An was erinnerst du dich? Falls du die Augen geschlossen hast, öffne sie wieder und schreibe die Bilder und Erinnerungen auf. Es geht bei dieser Übung nicht zwingend darum, dass das Erinnerte wirklich genau so abgelaufen ist, sondern eher um die emotionale wie gedankliche Prägung, also die Botschaft, die es bei dir hinterlassen hat. Diese gilt es zu verändern, da sie dir und deiner Entwicklung im Wege steht.

Gibt es Situationen, die du mit deiner Prüfungsangst in Verbindung bringen kannst?
Wenn ja, welche?
Was ist in den früheren Situationen geschehen?

Wenn die damalige Situation für dich optimal abgelaufen wäre, was wäre dann anders gelaufen? Beschreibe die Veränderung detailliert und schreibe sie auf.

Schritt 2: Schließe jetzt möglichst die Augen oder fixiere einen Punkt im Raum mit deinem Blick. Stelle dir vor, dass die damalige Situation entsprechend deiner Optimalvorstellung verändert abläuft. Stelle dir bitte nur die veränderte Situation vor, nicht das Original.
Es geht bei dieser Übung nicht um Realismus, sondern um eine Veränderung deiner Emotionen und der gedanklichen Bewertung des Erlebten.
Solltest du in deiner Vorstellung ein Kind sein, dann stell dir zum Beispiel vor, wie ein Erwachsener ins Bild tritt und sich um dich als Kind kümmert und dich, wenn notwendig, beschützt. Das kannst auch du selbst als Erwachsener sein, oder irgendein Superheld. Deiner Fantasie sind dabei keine Grenzen gesetzt. Wenn du zufällig doch wieder zurück in das alte Bild fällst, dann spule noch einmal zurück und beginne wieder mit der Vorstellung deiner Optimalversion. Teste und verändere deine Optimalversion, bis sie sich passend anfühlt.
Was verändert sich emotional? Übe die Situation in deiner Vorstellung so lange, bis es sich gut für dich anfühlt. Bis du beispielsweise weniger Angst hast. Nimm dir dafür so viel Zeit wie du brauchst. Komme dann mit dem veränderten Gefühl wieder zurück ins Hier und Jetzt.

Was hast du verändert?
Wie hat es sich nach der Veränderung angefühlt?

In Katrins Erinnerung tauchen Bilder an die Hänseleien in der Schule auf. Katrin ist allein auf dem Schulhof, niemand hilft ihr. Katrin notiert das Erlebte. Für sie wäre es optimal gewesen, wenn ihr jemand zu Hilfe gekommen wäre. Im zweiten Teil stellt sie sich nun vor, wie eine Lehrerin hinzukommt und die anderen Kinder zurechtweist. Dann tröstet die Lehrerin Katrin. Durch dieses veränderte Bild ändert sich auch das Gefühl. Katrin hat weniger Angst und fühlt sich nicht mehr allein. Sie macht sich bewusst, dass es nicht in Ordnung war, dass die anderen Kinder sie so behandelt haben. Dass sie dennoch ein wertvoller Mensch ist und hätte beschützt werden sollen. Dieser Gedanke tut ihr gut. Sie fühlt sich erleichtert.

Wie für alle Veränderungsstrategien gilt auch hier: Ohne regelmäßiges Training keine längerfristige Veränderung. Es ist wichtig, dass du dir die neuen Bilder immer wieder vorstellst und der Veränderung auf emotionaler Ebene nachspürst. Das Vorstellen des bereits optimierten Bildes genügt. Du kannst also direkt mit Schritt 2 beginnen. Gefühle verändern sich eben sehr langsam. Durch die oben beschriebene Übung kannst du emotional eine Distanzierung von der belastenden Erinnerung erreichen. Zudem stärkst du in der Vorstellung deine Selbstfürsorge und somit auch deinen Selbstwert. Du nimmst dich wichtig. Das alles macht es im nächsten Schritt einfacher, für dich im Heute etwas an deiner Bewertung und deiner Vorstellung zukünftiger Prüfungssituationen zu ändern.

In der nachfolgenden Übung geht es nicht mehr darum, etwas über die Ursachen beziehungsweise die Herkunft deiner Ängste zu erfahren. Vielmehr ist es das Ziel, dein Bild von der zukünftigen Prüfungssituation und damit deine Erwartungshaltung zu verändern.

MEIN PRÜFUNGSBILD VERÄNDERN

Schritt 1: Schließe deine Augen und stelle dir vor, du befindest dich in deiner nächsten Prüfung. Wo bist du?

Wer ist noch dort? Was siehst du? Was für ein Gefühl ist da? Wo in deinem Körper spürst du es? Wie läuft die Prüfung ab?

Schritt 2: Stelle dir jetzt vor wie sich die Prüfungssituation verändert. Sie verändert sich so, dass es sich für dich besser anfühlt. Wenn es hilfreich ist, stell dir vor, wie du die Techniken, die du durch die Arbeit mit diesem Ratgeber erworben hast, anwendest. Verändere beispielsweise deine Bewertung, deine Erwartungshaltung gegenüber dem Verhalten der Prüfer. Konzentriere dich auf den Inhalt, anstatt auf die von dir befürchtete Außenwirkung. Lass die Beteiligten so reagieren, dass du gut bei dir bleiben kannst.
Was tust du genau? Wie tust du es? Was verändert sich? Wie fühlst du dich? Verändere die Situation so lange, bis deine Angst sich nach und nach reduziert.

Schritt 3: Merke dir ganz genau, was sich verändert hat und wie sich diese Veränderung anfühlt. Mache dir ein genaues Bild von der veränderten Situation. Nimm dieses Bild und vor allem das veränderte Gefühl mit ins Hier und Jetzt.
Nun kannst du deinen neuen Prüfungsfilm immer wieder wiederholen.

Wenn du zukünftig an die Prüfung denkst und automatisch die alten, angstauslösenden Bilder auftauchen, dann verändere deine Vorstellung wieder entsprechend dieser Übung. Weiterhin ist es hilfreich, den neuen Prüfungsfilm in deiner Vorstellung immer wieder zu trainieren, auch ohne aktuellen Auslöser. Also ohne anstehende Prüfung. Dann können sich deine Erwartungshaltung und deine Bewertung nach und nach verändern.

5.7 Mit anderen zusammen üben

Nun hast du bereits einige Strategien kennen gelernt, die bei ausreichendem Training zu einer deutlichen Reduktion deiner Prüfungsangst beitragen können. Eine weitere hilfreiche Strategie ist, sich soziale Unterstützung zu holen. Du weißt bereits, dass Lerngruppen in der Prüfungsvorbereitung eine Unterstützung sein können. Zur Bewältigung deiner Prüfungsangst ist die so genannte Prüfungssimulation eine sehr hilfreiche Strategie. In ihr trainierst du genau das, was in der Prüfungssituation von dir gefordert wird und kannst direkt mit auftretenden Blockaden und Ängsten arbeiten. In der Prüfungssituation selbst wird es dir dadurch deutlich leichter fallen, deine Strategien zur Anwendung zu bringen. Die Prüfungssimulation kann zum Beispiel in deiner Lerngruppe erfolgen. Wenn du keine Lerngruppe hast, oder das Ganze lieber mit anderen Personen üben willst, kannst du auch einfach Freunde, Bekannte oder Familienmitglieder fragen, ob sie dich bei einer Übung zur Prüfungssimulation unterstützen würden.

ANLEITUNG ZUR PRÜFUNGSSIMULATION

1. Überlege dir zunächst genau, wie deine Prüfungssituation aussehen wird. Ist es eine mündliche oder schriftliche Prüfung? Wie viele Prüfer sind beteiligt? Sind Kommilitonen anwesend? In was für einem Raum findet sie statt? Wie sind die Fragen beziehungsweise die Aufgaben gestaltet? Welche Hürden befürchtest du und mit welchen Strategien kannst du diesen begegnen?
2. Bereite die Materialien vor, mit denen du geprüft werden willst. Du kannst Beispielfragen formulieren oder alte Klausuren verwenden. Kläre mit deinen Mitstreitern, wer welche Rolle in der Simulation über-

nimmt. Wenn du Skripte oder Karteikarten hast, kannst du diese den Prüfern übergeben. Bereitet den Raum entsprechend vor.

3. Nun kann es losgehen. Startet mit der Prüfungssimulation. Legt eine Zeitdauer fest. Wenn du eine schriftliche Prüfung alleine üben möchtest, nimm ruhig die ganze Prüfungsdauer. Bei der Simulation einer mündlichen Prüfung genügen fünf bis zehn Minuten. Die Prüfer achten auf die Zeit, so dass du dich ganz in die Rolle des Prüflings begeben kannst. Du schaffst das!
4. Rückmelderunde: Nehmt euch nun ein paar Minuten Zeit. Jeder notiert für sich, was gut gelaufen ist und was noch verbessert werden kann. Bitte achtet darauf, dass ausschließlich Verbesserungsvorschläge gegeben werden. Es geht bei dieser Übung nicht um Bewertungen oder das Aufzeigen von Schwächen, sondern um Lösungsmöglichkeiten. Um Dinge, die dich weiterbringen. Wahrnehmungen sind individuell und so sollten sie auch formuliert werden: „Ich hatte den Eindruck, dass du …". Der Prüfling beginnt mit seiner Rückmeldung, dann folgen die Prüfer. Ein Formulierungsbeispiel für deine eigene Rückmeldung: „Ich könnte das nächste Mal dem Prüfer häufiger in die Augen schauen."
5. Der Prüfling bekommt die schriftlichen Rückmeldungen ausgehändigt und kann entscheiden, welche davon er umsetzen möchte. Bei Bedarf kann die Prüfungssimulation sofort oder zu einem späteren Zeitpunkt noch einmal wiederholt werden. So wird Routine hergestellt.

5.8 Zur Ruhe kommen

Neben der intensiven Bearbeitung deiner Ängste und der Akzeptanz von Körpersymptomen und unangenehmen Gefühlen, ist es unglaublich wichtig, dass du lernst, zwischendurch zur Ruhe zu kommen. Entspannungstechniken stellen hierfür eine gute Möglichkeit dar. Das regelmäßige Training einer Entspannungstechnik kann dir zudem dabei helfen, die körperlichen Symptome der Aufregung schneller zu reduzieren, also die automatische Stressreaktion des Körpers zu beenden. Dies ist insbesondere bei angstauslösenden Situationen, wie Prüfungen, hilfreich. Denn wie du weißt, stellt der Körper bei Angst viel mehr Energie zur Verfügung als tatsächlich benötigt und verbraucht wird.

Die Bandbreite von Entspannungstechniken ist riesig. Vielleicht hast du die eine oder andere bereits ausprobiert. Ein klassisches und effektives Verfahren ist die Progressive Muskelentspannung nach Edmund Jacobson (vgl. Jacobson, 1938). Diese Methode setzt an der körperlichen Anspannung an, die zum Beispiel durch Stress hervorgerufen wird. Durch gezielte Anspannung und Entspannung der verschiedenen Muskelpartien im Körper kann die Wahrnehmung für An- und Entspannung gestärkt werden. Es gibt eine Vielzahl von Büchern und Übungs-CDs zu dem Thema. Die Technik ist schnell erlernt und muss dann nur regelmäßig geübt werden, um eine längerfristige Wirkung zu erzielen. Autogenes Training ist eine weitere klassische Entspannungstechnik.

Aus dem fernöstlichen Bereich haben uns mittlerweile einige weitere Verfahren erreicht, mit denen wir unsere Entspannungsfähigkeit trainieren können. Einige Beispiele sind: Meditation, Achtsamkeit, Tai Chi, Qi Gong und Yoga. Achtsamkeit ist eine Technik, die vermehrt Eingang in psychotherapeutische Verfahren gefunden hat. Achtsamkeit bedeutet, bei jeglicher Tätigkeit im Hier und Jetzt anzukommen (vgl. z. B. Thich

Nhat Hanh 2009) und Dinge wahrzunehmen, anzunehmen, ohne sie zu bewerten. Achtsam sind wir, wenn wir uns nur auf eine Sache allein konzentrieren. Achtsamkeit dient somit nicht nur der Entspannung, sondern kann dir als Technik auch helfen, dich in der Prüfung nur auf eine Sache, wie z.B. den Inhalt, zu konzentrieren. Zum Thema Achtsamkeit kannst du viel Literatur finden.

ACHTSAMES HÖREN

Schließe deine Augen und nimm wahr, was du hörst. Du musst nichts tun, nimm einfach nur wahr, welche Geräusche an dein Ohr heran treten. Versuche diese nicht zu bewerten. Es ist nicht wichtig, ob dir ein Geräusch gefällt oder nicht. Nimm es einfach nur wahr und beschreibe dir innerlich selbst, wie es klingt.
Sollten Gedanken auftauchen, die dich von der Konzentration auf dein Hören wegbringen, mach dir dies bewusst und kehre wieder zurück zu den Geräuschen, die du wahrnehmen kannst. Du hörst... einfach hören... nur hören...

Eine sehr einfache Möglichkeit, Entspannung zu fördern, ist den Atem zu nutzen. Der Atem fließt von selbst, aber verändert sich auch, abhängig davon, ob wir aufgeregt oder ruhig sind. Somit kann man auch über den Atem eine Beruhigung des Körpers und somit Entspannung erreichen. Auch zum Thema Atementspannung sind die Angebote breitgefächert. Eine einfache Atemübung wird im Folgenden vorgestellt.

ATEM ZÄHLEN

Konzentriere dich auf deinen Atem. Wenn du magst, schließe die Augen. Du kannst sie ansonsten auch geöffnet halten. Lass deinen Atem fließen. Er kommt ganz

von selbst, du brauchst nichts zu verändern. Du atmest ein und aus, ohne aktiv Luft zu holen. Du atmest ein und aus. Zähle dein Einatmen… 1-2-3-4-5… und zähle dein Ausatmen 1-2-3-4-5… Zähle genauso lange wie du einatmest oder ausatmest. Die Zahl muss nicht die gleiche sein. Atme ein und zähle, atme aus und zähle. Ablenkende Gedanken bemerkst du, aber verfolgst sie nicht länger. Du wendest dich einfach wieder deinem Atem zu. Atme ein und zähle, atme aus und zähle.
Führe die Übung so lange durch, bis du merkst, dass du zur Ruhe gekommen bist. Dann bleibe noch einen Augenblick sitzen und spüre in deinen Körper. Was nimmst du wahr? Hat sich etwas verändert? Wie fühlt sich der entspannte Zustand an?

Beim Thema Entspannung gibt es individuelle Vorlieben. Daher ist es ratsam, dass du verschiedene Techniken ausprobierst und dich dann für eine entscheidest, die du regelmäßig anwendest. Es kann Sinn machen, die Übungen fest in den Tagesablauf einzubauen. Zum Beispiel morgens nach dem Aufstehen oder in der Mittagspause. Viele Übungen kannst du problemlos unterwegs machen. Nur durch regelmäßiges Training kann der positive Einfluss auch auf Stresssituationen erreicht werden.

Schritt 6: Jetzt wird es ernst – Die Umsetzung in der Prüfung

In diesem Kapitel wird die tatsächliche Prüfungssituation beleuchtet. Du findest Tipps im Umgang mit möglichen Stolpersteinen, die in dieser Situation auftauchen können. Ziel ist, dass du lernst, die erworbenen Strategien in der Prüfungssituation umzusetzen. Anhand von Beispielen übst du, Auswege aus scheinbar ausweglosen Situationen zu finden.

Nachdem du dich gut auf die Prüfung vorbereitet hast, gilt es, die Entscheidung zu treffen, wirklich an der Prüfung teilzunehmen. Solltest du dazu neigen, Prüfungen zu vermeiden, überprüfe bitte deine Bewertungen und deine Optionen auf kurz- wie langfristige Konsequenzen. Mach dir zudem deine Ziele bewusst und triff dann eine Entscheidung, die dich deinen Zielen langfristig näher bringen kann.

6.1 Der Tag vor der Prüfung

Es gibt keine eindeutige Empfehlung dazu, ob an diesem Tag noch gelernt werden sollte. Das kannst du nur für dich selbst entscheiden. Es gibt Menschen, die sich am Tag vor der Prüfung lieber mit etwas anderem beschäftigen möchten, und solche, die am Tag vor der Prüfung unbedingt noch intensiv üben möchten. Wenn du dich zum Lernen entscheidest, ist es wichtig, dass du dich vor allem auf Wiederholungen konzentrierst. Jetzt noch etwas Neues anzufangen, wird dich vermutlich eher irritieren. Du kannst diesen Tag nutzen, um Inhalte, die du dir nur schwer einprägen kannst, gezielt noch einmal unter die Lupe zu nehmen.

Wenn du dich entscheidest, nicht zu lernen, solltest du den Tag nicht mit Grübeln verbringen, sondern lieber etwas Schönes unternehmen. Du kannst zum Beispiel etwas Zeit mit Freunden verbringen oder Sport machen.

Am Abend vor der Prüfung solltest du dir die Unterlagen zurechtlegen, die du für die Prüfung benötigst. Es kann auch sinnvoll sein, schon die Kleidung auszusuchen, die du zur Prüfung anziehen willst. Für Notfälle solltest du wissen, wen du anrufen kannst, um gegebenenfalls nochmals kurz zu reden. Falls dich die Angst übermannt. Im besten Fall hast du dir die hilfreichsten Strategien im Umgang mit deiner Prüfungsangst notiert und kannst sie dann direkt anwenden.

Lege dich nicht zu spät schlafen, aber auch nicht viel früher als gewohnt. Die Erfahrung zeigt, dass es dir am Tag vor der Prüfung eher schwerfällt einzuschlafen, vor allem wenn du noch nicht richtig müde bist. Wenn du erst ins Bett gehst, wenn du müde bist, gibst du dysfunktionalem Grübeln keine Chance. Beim Einschlafen und zur Ruhe kommen kann dir die Anwendung deiner Entspannungstechnik helfen. Wenn du nicht direkt einschlafen kannst, lass dich davon möglichst nicht beunruhigen. Es stimmt nicht, dass die Prüfung zwingend schlecht läuft, nur weil du nicht gut geschlafen hast. Akzeptiere im schlimmsten Fall, dass es gerade nicht funktioniert. In den meisten Fällen kommt der Schlaf schon noch.

6.2 Der Tag der Prüfung

Stehe rechtzeitig auf, so dass du genug Zeit hast, um zu frühstücken und dich in Ruhe fertig zu machen, bevor du das Haus verlassen musst. Sorge dafür, dass du in jedem Fall geweckt wirst und nicht verschlafen kannst. Dann schläfst du abends auch ruhiger ein. Zwei Wecker zu stellen kann eine Möglichkeit sein.

Auch wenn du keinen Hunger hast, solltest du zumindest eine Kleinigkeit essen. Dein Gehirn braucht Nahrung, um gut funktionieren zu können. Zu viel Kaffee ist nicht hilfreich. Er regt dich gegebenenfalls zusätzlich auf und nach dem „Kaffeehoch" kommt gerne mal die große Ermüdung. Nimm dir etwas zu essen und zu trinken mit.

Falls du den Ort deiner Prüfung noch nicht kennst, suche ihn gegebenenfalls bereits im Vorfeld einmal auf. Dann musst du am Prüfungstag nicht suchen. Sich an diesem Tag zu verlaufen, löst bei den meisten Menschen starke Aufregung aus. Das kannst du vermeiden, indem du dich bereits im Vorfeld orientierst. Verlasse am Tag der Prüfung rechtzeitig das Haus in Richtung Prüfungsort. Unterwegs im Straßenverkehr kann es immer mal zu Verspätungen kommen. Sei aber auch nicht zu früh vor Ort, damit du nicht ins ungünstige Grübeln kommst. Wenn du sehr aufgeregt bist, kann es helfen etwas auf und ab zu gehen. Damit kannst du dem Körper die Möglichkeit geben, einen Teil der bereitgestellten Energie zu verbrauchen.

Auf dem Weg zur Prüfung und beim Warten kannst du dir deine neuen hilfreichen Bewertungen immer wieder vor Augen führen. Wenn du sie auf Karteikarten geschrieben hast, hab sie dabei. Wenn negative Bewertungen aufkommen, unterbreche den Gedankenfluss und gehe gedanklich zurück zu deinen Alternativsätzen.

Überlege dir bereits einige Tage zuvor, ob du vor Prüfungsbeginn noch mit Kommilitonen sprechen möchtest, insbesondere über den Inhalt, oder ob du dies lieber unterlässt. Auch nach der Prüfung ist es nicht für jedes Individuum ratsam und hilfreich, über die Prüfung zu diskutieren. Bleib bei dieser Entscheidung ganz bei dir, überlege, was dir gut tut und was dich gegebenenfalls aufregen könnte.

6.3 Die Prüfung

Die Uhrzeit der Prüfung rückt näher, die Tür zum Prüfungsraum öffnet sich. Gleich geht es los. Es ist verständlich, wenn deine Anspannung nun noch einmal deutlich ansteigt. Wende weiter deine Techniken an. Versuche, dich an dein positives Prüfungsbild zu erinnern. Gehe dann in den Raum und nimm deinen Platz ein.

6.3.1 Schriftliche Prüfungen

Für schriftliche Prüfungen gilt zunächst, sich einen Überblick über die Fragen und den Aufbau der Prüfung zu machen. Lies dir dein Aufgabenblatt gut durch und beginne dann. Versuche die Absicht der Fragen richtig zu verstehen, damit du das Thema nicht verfehlst.

Wenn die Aufgaben aufeinander aufbauen, empfiehlt es sich, vorne anzufangen. Wenn die Fragen unabhängig voneinander sind, dann kannst du mit den Fragen beginnen, die für dich leicht zu beantworten sind. Danach wendest du dich den schwierigeren zu. Bei komplexen Aufgaben ist es sinnvoll, zunächst eine Gliederung der Antwort zu überlegen und erst dann mit dem Schreiben zu beginnen. Auch macht es Sinn, die zur Verfügung stehende Zeit gut einzuteilen, damit du nicht gegen Ende der Prüfung unter zu viel Druck gerätst. Je nach Prüfungsdauer empfiehlt es sich, zwischendurch kleine Pausen zu machen und auch mal einen Schluck zu trinken. Sollten dich Angstgedanken packen, wende immer wieder deine Bewältigungsstrategien an.

Einige schwierige Situationen in schriftlichen Prüfungen sollen nun beleuchtet und ein möglicher Umgang damit vorgestellt werden.

1. Du verstehst eine Frage nicht und merkst, wie deine Anspannung steigt. Mache dir bewusst, dass dein Körper bei Stress automatisch mit einem schnelleren Herzschlag und Ähnlichem reagiert. Überprüfe deine Gedanken und korrigiere sie, wenn nötig. Eine kurze Atemübung kann guttun. Konzentriere dich dann wieder auf die Prüfung. Lies die Frage nochmals durch. Wenn du sie wirklich nicht beantworten kannst, ist dies keine Katastrophe. Gehe einfach zur nächsten Frage über. Man darf in Klausuren auch Dinge nicht beantworten und besteht trotzdem. Es ist nicht immer möglich, alles zu wissen.
2. Mitten im Schreiben geht es auf einmal nicht mehr weiter. Ein Blackout stellt sich ein. Eben wusstest du die Antwort noch, jetzt ist sie weg. Atme tief durch, leg Blätter und Stift kurz auf dem Tisch ab. Schließe gegebenenfalls kurz die Augen und erkläre dir selbst, was ein Blackout ist und dass es vorüber geht. Um besser mit deinen Gefühlen umgehen zu können, erinnere dich an das Wellenbild und arbeite damit. Die Wellen kommen, die Wellen gehen... Das Angstgefühl kommt, das Angstgefühl geht... Wiederhole deine hilfreichen Bewältigungssätze. Wenn du etwas zur Ruhe gekommen bist, steige wieder in das Schreiben ein. Gib nicht auf!
3. Du gerätst unter Zeitdruck, hast das Gefühl, die Klausur im vorgegebenen Zeitrahmen nicht mehr fertigstellen zu können. Dadurch stellt sich Angst ein. Du überlegst, aufzugeben, alles hinzuschmeißen. Stopp! Hinterfrage deine Gedanken. Wäre es für dein langfristiges Ziel sinnvoll, diese Klausur abzubrechen? Woher willst du wissen, dass es nicht zum Bestehen reicht? Hast du Beweise? Atme tief durch und korrigiere deine Gedanken. Mache dich dann wieder an die Beantwortung der Aufgaben. Die Prüfung ist erst zu Ende, wenn der Prüfer Bescheid gibt. Du kannst es zumindest probieren.

4. Du bekommst während der Prüfung Angst zu versagen, denkst, dass deine Antworten inhaltlich nicht gut genug sind. Dass du die erwünschte Note nicht erzielen kannst. Auch hier gilt: Lass das Grübeln! Es kostet dich Zeit und bringt dich nicht vorwärts. Du kannst in diesem Moment nur dein Bestes geben. Und zwar das Beste was jetzt gerade möglich ist. Selbstabwertung hilft dir nicht weiter. Mache vielleicht eine kurze Atemübung. Stelle dir vor wie es sein wird, wenn du die Prüfung hinter dir hast. Male dir ein positives Bild und schreib weiter.

6.3.2 Mündliche Prüfungen

In mündlichen Prüfungen gibt es neben dir und den Prüfungsfragen noch eine gewichtige Komponente, die einen Einfluss auf dich und dein Prüfungsverhalten haben kann: Es sind weitere Menschen anwesend. Das heißt, eine deiner Aufgaben, neben der Beantwortung der Fragen, ist die zwischenmenschliche Interaktion. Dennoch ist es, wie du bereits weißt, am wichtigsten, dass du versuchst, dich primär auf die Fragen und den Inhalt zu konzentrieren.

Auch in mündlichen Prüfungen können schwierige Situationen auftreten. Einige Beispiele und Bewältigungsstrategien findest du hier.

1. Der Prüfer stellt eine Frage, aber du weißt die Antwort nicht. So etwas kann passieren, du hast die Möglichkeit, dir die Frage nochmals genauer erklären zu lassen, indem du nachfragst. Vielleicht hilft dir das auf die Sprünge. Wenn nicht, kannst du darum bitten zunächst eine andere Frage beantworten zu dürfen und diese vielleicht später nachzuholen. Wenn du die Antwort absolut nicht weißt, ist es sinnvoll dies zuzugeben und um eine neue Frage zu bitten.

Es kann jedem passieren, dass er eine Frage nicht beantworten kann. Du bist schließlich ein Mensch und nicht Google. Und selbst Google kann nicht alle Fragen richtig beantworten.

2. Der Prüfer redet von sich aus sehr viel. Du hast das Gefühl, gar nicht richtig zu Wort zu kommen. Du kannst höflich das Angebot machen, zu den Themen etwas beitragen zu dürfen. Zuzustimmen und etwas zu ergänzen ist eine weitere Möglichkeit, um dich und dein Wissen ins Spiel zu bringen. Lass dich nicht aus der Ruhe bringen, es ist doch gut, dass du so viel weißt, das du beitragen möchtest.
3. Der Prüfer stellt eine Frage und du verstehst sie nicht. Wenn du sie akustisch nicht verstanden hast, äußere dies und lass den Prüfer die Frage noch einmal wiederholen. Wenn du die Frage inhaltlich nicht verstehst, kann eine Rückfrage auch hilfreich sein. Eine mögliche Formulierung wäre: „Habe ich Sie richtig verstanden, Sie möchten wissen…" Nachfragen führt nicht zu einer schlechteren Bewertung. Was kannst du zum Beispiel dafür, wenn der Prüfer undeutlich spricht?! Such die Verantwortung nicht sofort bei dir.
4. Der Prüfer spricht ein dir unbekanntes Thema an. Du kennst die Antwort nicht. Du kannst versuchen, auf ein anderes Thema, mit dem du dich auskennst, umzulenken oder aber zugeben, dass du mit diesem Themenbereich wenig vertraut bist. Sei selbstbewusst! Wenn du auch zu deinen Lücken stehst, macht es einen besseren Eindruck, als wenn du jetzt unsicher wirst.
5. Dir fällt auf, dass du auf eine vorherige Frage falsch geantwortet hast. Sprich dies an und korrigiere deine frühere Antwort.
6. Du bekommst ein Blackout. Möglicherweise löst eine Frage starke Anspannung bei dir aus. Mach dir bewusst, was gerade passiert. Das Blackout wird vorübergehen. Atme tief durch, eine kurze Pause im Redefluss wird oft vom Prüfer

gar nicht bemerkt. Wiederhole vielleicht die Frage des Prüfers noch einmal und versuche dann zu antworten. Wenn dir die Antwort nicht direkt einfällt, erzähle einfach noch etwas anderes, das zum Themengebiet gehört und komme dann zur Frage zurück. Gib nicht auf, ein Blackout ist nicht das Ende der Prüfung. Es wird weitergehen. Du kannst auch zunächst um eine andere Frage bitten und diese zurückstellen lassen.

7. Der Prüfer reagiert unfreundlich oder kritisch. Auch Prüfer sind Menschen. Was nicht heißt, dass es in Ordnung ist, in einer Prüfung unfreundlich zu werden. Dies hat allerdings wahrscheinlich überhaupt nichts mit dir zu tun. Und selbst wenn es mit dir zu tun hätte: Was hilft dir jetzt wirklich weiter? Du willst die Prüfung möglichst gut hinter dich bringen. Konzentriere dich also auf dein Ziel. Sorge für deinen Selbstwert in diesem Moment. Stehe zu dir und dem Gesagten. Du bist gut vorbereitet. Bleibe freundlich und professionell.
8. Du bist in der Prüfung und bekommst starke Prüfungsangst. Mach dir bewusst, dass Angst ein Gefühl ist. Denke an das Wellenbild. Dein Körper kann das regulieren. Überprüfe deine Gedanken. Korrigiere sie, wo notwendig. Richte dich innerlich wie äußerlich auf. Du schaffst das. Denke an dein positives Bild der Prüfung. Es wird gut werden. Du schaffst das. Fokussiere dich wieder auf die Fragen. Mach dir nicht so viele Gedanken, was der Prüfer von dir denken könnte. Du bist in Ordnung. Du bist gut vorbereitet.

6.3.3 Einbezug deines neu erworbenen Wissens

Wenn die Prüfung tatsächlich ansteht, machen sich viele Studierende auch Gedanken über ihr Auftreten in der Prüfung und über ihre Wirkung auf die Prüfer. Natürlich gibt es viele

Ratschläge dazu, wie man sich in der Prüfung am besten präsentieren soll. Dazu gehört bei mündlichen Prüfungen, Blickkontakt zu den Prüfern zu halten. Generell ist es hilfreich, sich möglichst aufrecht hinzusetzen, innerlich wie äußerlich eine aufgerichtete Haltung einzunehmen. Dabei hilft es, sich seinen Selbstwert bewusst zu machen. Freundlich zu lächeln hilft, den zwischenmenschlichen Kontakt aufzunehmen. Wichtig ist, aktiv zuzuhören, nicht nur damit du inhaltlich alles verstehst. Du kannst auch mal nicken oder anderweitig zustimmen. Sei wirklich dabei in der Prüfung. Das ist eigentlich das Wichtigste. Wenn du allerdings verkrampft versuchst, dich an all diese Regeln zu halten, wirkst du möglicherweise unnatürlich und bist selbst angespannt. Betrete die Prüfungssituation möglichst selbstbewusst und sei aktiv bei allem, was passiert, dabei. Fokussiere den Inhalt.

Du darfst und solltest Gedanken an deine Wirkung auf die Prüfer und über die Bedeutung von deren Blicken ausblenden. Auch in der schriftlichen Prüfung ist es wichtig, dass du bei dir bleibst. Wende deine neuen Bewältigungsstrategien an. Keine Sorge, du verlierst dadurch keine Zeit. Die verlierst du, wenn du grübelst und in deiner Angst hängen bleibst. Stärke deinen Selbstwert nochmals gezielt, bevor du den Raum betrittst. Auch kannst du zur Beruhigung Atemübungen durchführen.

Schauspieler am Theater kennen „Lampenfieber", also die Aufregung vor dem großen Auftritt, oft gut. Daher haben sie bestimmte Übungen, die sie kurz vor ihrem Auftritt zur Vorbereitung und Beruhigung durchführen. Auch du kannst diese Strategien nutzen, um geerdet und mit starker Stimme in die Prüfung zu gehen. Beispielsweise hilft gleichmäßiges Summen oder das Nachahmen vom Gähnen dabei, die Stimme auf das Sprechen vorzubereiten. Für einen guten und aufrechten Stand kannst du dir vorstellen, wie von deinen Füßen aus Wurzeln in die Erde wachsen. So stehst du sicher und kannst deiner Herausforderung begegnen.

Eine weitere stärkende Technik kurz vor der Prüfung ist die Visualisierung deines Zustandes nach der Prüfung.

VISUALISIERUNG

Stelle dir vor, wie es sein wird, wenn du die Prüfung erfolgreich hinter dich gebracht hast. Wie wirst du dich fühlen? Was wirst du tun? Male es dir möglichst genau und bildlich aus. Wo bist du? Was tust du?
Nimm dieses Bild mit in deine Prüfung. Lass es dir eine Motivation sein.

Du kannst dich auch auf die bevorstehende Prüfung einstellen, indem du einige Tage vor dem Termin schriftlich fixierst, wie du vorhast, in die Prüfung zu gehen und welche veränderten Gedanken dich begleiten sollen. Diese Strategie hilft der Stärkung deines Selbstwertes und gibt dir noch einmal auf andere Art und Weise die Gelegenheit, deine Einstellung gegenüber der Prüfungssituation zu modifizieren. Deinen Text kannst du dann wiederholen und die neuen Bewertungen dadurch trainieren. Im Folgenden findest Du zwei Beispiele dazu.

KATRINS PLAN ZUR BEWÄLTIGUNG/MÜNDLICHE PRÜFUNG

Ich habe alles getan, um mich gut auf die Prüfung vorzubereiten. Mein Lernplan war ausreichend und ich habe die Prüfungssituation mehrfach trainiert. Ich weiß, dass meine soziale Unsicherheit in der Vergangenheit begründet liegt. Es gibt keinerlei Anhaltspunkte, dass die Prüfer mich vorführen wollen. Nur weil ich in der Vergangenheit gehänselt wurde, bin ich dennoch ein wertvoller Mensch. Ich lasse die Prüfungsfragen auf mich zukommen. Vorher darüber nachzugrü-

beln, ob ich alles beantworten kann, hilft mir nicht weiter. Wenn ich Angst und körperliche Symptome verspüre, sage ich mir: „Mein Körper reagiert automatisch in der Stresssituation. Für die Bewertung meiner Leistung ist es unerheblich, ob ich rot werde oder andere Symptome der Anspannung zeige. Ich kann mich getrost auf den Inhalt der Prüfung konzentrieren. Ich bin in Ordnung, wie ich bin, und muss mich und meine Leistung nicht verstecken.
Zudem atme ich ruhig und gleichmäßig durch. Zähle, wenn es mir hilft, meinen Atem. Wenn ich eine Frage nicht beantworten kann, bitte ich den Prüfer darum, sie zu wiederholen. Sollte ich es dann immer noch nicht wissen, bitte ich um die nächste Frage. Es ist menschlich, mal eine Frage nicht beantworten zu können. Ich werde die Prüfung trotzdem bestehen. Denn ich muss nicht alles wissen. Wenn ich ein Blackout haben sollte, erkläre ich dem Prüfer, dass ich sehr aufgeregt bin. Dies gibt mir Zeit, mich wieder zu beruhigen und den roten Faden wiederzufinden. Ich schaffe das!

SOPHIES PLAN ZUR BEWÄLTIGUNG/SCHRIFTLICHE PRÜFUNG

Ich bin gut auf die Prüfung vorbereitet. Ich habe alle notwendigen Gebiete gelernt. So kann ich ein gutes Ergebnis erreichen. Während der Prüfung hilft es mir nicht weiter, mich mit meinen Kommilitonen zu vergleichen oder an die Note zu denken. Ich weiß, dass ich ein wertvoller Mensch bin, unabhängig von meinen Noten. Ich setze mich auf meinen Platz, sortiere meine Sachen und beginne. Ich atme noch einmal tief durch, bevor ich die Fragen durchlese. Ich verschaffe mir zunächst einen

Überblick. Dann versuche ich mir einen Aufbau für meine Antworten zu überlegen. Wenn es mir hilfreich vorkommt, mache ich mir einige Notizen. Ich gehe Schritt für Schritt vor. Nach jedem Abschnitt prüfe ich diesen kurz auf Flüchtigkeitsfehler und schreibe dann weiter. Ich lobe mich für das Erreichte und bleibe bei mir und meinem Arbeitstempo. Komme ich an einem Punkt nicht weiter, wende ich mich zunächst einem anderen Punkt zu und komme dann nochmals darauf zurück. Ich bleibe ruhig und gelassen. Mir kann nichts passieren. Wenn mich andere Gedanken ablenken, bemerke ich dies und kehre zur Aufgabe zurück. Ich werde diese Prüfung für mich zu einem guten Abschluss bringen.

Nun zu dir. Schreibe dein eigenes Skript.
…

Jetzt ist es fast geschafft, du bist bereit für deine nächste Prüfung.

Schritt 7: Nach der Prüfung ist vor der Prüfung – Was nehme ich mit?

7.1 Die Prüfung ist gut gelaufen
7.2 Die Prüfung ist nicht gut gelaufen
7.3 Nun ist es Zeit, ein Fazit zu ziehen
7.4 Eine letzte Übungsaufgabe

Du hast es geschafft. Die Prüfung liegt hinter dir. Jetzt wird es Zeit, ein Fazit zu ziehen. Am besten eines, das dich in der Zukunft weiter voranbringt. Überlege dir, was du für zukünftige Prüfungssituationen mitnehmen kannst. Mach dir bewusst, was gut gelaufen ist und woran du gegebenenfalls weiterarbeiten möchtest. Nach einer Prüfung ist es sinnvoll, ein Resümee zu ziehen. Kehre nicht einfach zur Tagesordnung zurück! Dies ist eine Chance, um deinen zukünftigen Umgang mit Prüfungssituationen neu zu gestalten.

7.1 Die Prüfung ist gut gelaufen

Du hast die Prüfung erfolgreich hinter dich gebracht. Auch mit dem Ergebnis bist du zufrieden. Die Note ist auch gut ausgefallen. Beantworte zunächst die folgenden Fragen, am besten auf einem Blatt Papier.

Wie geht es dir mit diesem Ergebnis?
Wie ordnest du dieses Ergebnis für dich ein?
Auf was führst du deinen Erfolg zurück (z.B. auf deine Leistung, deine Vorbereitung)?
Wie hast du das Ergebnis erreichen können?
Welche Strategien hast du angewendet, um deine Prüfungsangst in den Griff zu bekommen?

> Was ziehst du für Schlussfolgerungen für zukünftige Prüfungen daraus?
> Was kannst du aus dem Ergebnis für deinen Selbstwert ziehen?

Insbesondere wenn du früher negative Prüfungserfahrungen gemacht hast, ist es wichtig, jeden Erfolg entsprechend zu würdigen. Viele Menschen neigen dazu, Misserfolg auf sich selbst und Erfolg auf äußere Faktoren zurückzuführen. Das belastet den Selbstwert. Also gehe es am besten anders herum an. Lobe und belohne dich für das Erreichte! Veranstalte dir selbst eine Party oder unternimm etwas Schönes. Ordne die neue Erfahrung in dein Selbstbild ein. Du kannst Prüfungen bewältigen, du hast es gerade unter Beweis gestellt. Du solltest dir diesen Erfolg bewusst machen und ihn nicht auf pures Glück oder den Zufall schieben. Es ist deine Leistung! Du hast diesen Erfolg dir und deiner Leistung zu verdanken.

7.2 Die Prüfung ist nicht gut gelaufen

Leider kann auch diese Situation eintreten. Obwohl die Wahrscheinlichkeit dafür vermutlich geringer ist, als die für ein gutes Ergebnis. Vor allem, wenn du dich gut vorbereitet hast. Eine Analyse des Ganzen ist nun angebracht. Es ist wichtig, dass du dich jetzt nicht fertigmachst. Beziehe dieses Ergebnis auf gar keinen Fall auf dich als Gesamtperson. Eine Prüfung ist nicht gut gelaufen. Das bedeutet nicht, dass du ein Versager oder Ähnliches bist. Dein Wert als Person bleibt davon unberührt. Du bist wertvoll!

Ein schlechtes Ergebnis muss zudem nicht unbedingt bedeuten, dass du durchgefallen bist. Wahrscheinlich passiert es häufiger, dass du mit der Note nicht zufrieden bist oder mit anderen Aspekten der Prüfung. Vielleicht war der Prüfer nicht besonders nett zu dir. Oder du hast eine Frage nicht beantworten können. Je nachdem, wie hoch dein Anspruch an deine Leistung ist, wirst du sehr schnell dazu neigen, ein Ergebnis als schlecht zu bewerten. Daher ist es bei einem schlechten Prüfungsergebnis umso wichtiger, dass du es dir noch einmal genauer anschaust. Vielleicht ist das Ergebnis gar nicht so schlecht, wie du denkst? Es kann leider nicht immer eine Eins sein. Solltest du tatsächlich durchgefallen sein, ist dies selbstverständlich sehr ärgerlich. Aufgeben solltest du dennoch nicht. Schau dir lieber erst einmal genauer an, woran es gelegen hat.

Was ist genau passiert?
Womit bist du unzufrieden? Was ist schlecht gelaufen?
Woran lag es deiner Meinung nach?
Hast du eine Rückmeldung von den Prüfern zu den Gründen bekommen?
Wie hätte es deiner Meinung nach besser laufen können?
Wie machst du weiter?
Wie kannst du deinen Selbstwert schützen?
Wie kannst du dich gerade jetzt gut um dich kümmern und dir etwas Gutes tun?
Wer oder was kann dich nun trösten?

Der Erhalt deines Selbstwertgefühls ist in einer solchen Situation das Wichtigste. Selbst wenn eine Prüfung nicht optimal gelaufen ist, ändert dies nichts an deinem generellen Wert als Person. Misserfolge gehören zum Leben dazu. Mach dir dies bewusst und werte dich nicht ab. Nutze die Technik der Veränderung von negativen Gedanken. Trainiere, dir auch in dieser schwierigen Situation ein Freund zu sein. Gib nicht auf, weiter an deiner Prüfungsangst zu arbeiten. Angst steht im Zusammenhang zu Unsicherheit mit der eigenen Person. Greife die Schritte in diesem Ratgeber auf, die dir helfen können, das nächste Mal besser aus der Prüfung herauszugehen. Wenn du diesmal teilgenommen hast, trotz deiner Prüfungsangst, ist dies bereits ein großer Erfolg. Nimm wieder teil, überwinde deine Angst und wachse an der Herausforderung. Du musst dich nicht verstecken.

7.3 Nun ist es Zeit, ein Fazit zu ziehen

Wenn du an dieser Stelle des Ratgebers angekommen bist, hast du bereits einen weiten Weg hinter dich gebracht und hoffentlich viel über dich, deine Prüfungsangst und deren Bewältigung gelernt. Nutze die für dich wichtigen Schritte in diesem Ratgeber immer wieder. Training ist die Grundvoraussetzung für Veränderung. Im Fitnessstudio fangen wir auch erst mit kleinen Gewichten an zu trainieren und steigern uns dann nach und nach. So ist es auch mit der Bewältigung von Prüfungsangst: Je häufiger du die Techniken übst, desto mehr Erfolge/Wirkung, wirst du feststellen können.
Die letzten Fragen zum Abschluss:

Was hast du durch die Lektüre und Bearbeitung dieses Ratgebers für dich gelernt?
Welche Strategien empfindest du als hilfreich?
Wie oft und wann wirst du sie anwenden?
Was nimmst du dir jetzt vor? Was ist dein nächstes Ziel?
Wie willst du es erreichen? Welche Techniken wirst du anwenden?
Wenn du an Hürden stößt, wie wirst du diese überwinden?
Wo kannst du Unterstützung bekommen, wenn du alleine nicht mehr weiterkommst?
Wie wirst du dich für den Erfolg, dieses Buch bearbeitet zu haben, belohnen?

Was hast du über deinen Selbstwert gelernt?
Wie kannst du diesen stärken?
Wann fängst du damit an?

7.4 Eine letzte Übungsaufgabe

Zum Abschluss gibt es hier noch eine kleine Übung. Du weißt bereits, wie wichtig unsere inneren Bilder sind, wie stark unsere Bewertung von Dingen sie prägt, und wie sehr sie unser emotionales Empfinden beeinflussen. Du weißt auch, dass du die Bilder für dich nutzen und sie selbst verändern kannst. Also leg los!

GELERNTES VISUALISIEREN

Setze dich bequem hin und schließe die Augen. Nimm für einige Augenblicke deinen Atem bewusst wahr. Komm bei dir an. Visualisiere das, was du in diesem Ratgeber gelernt hast. Stell dir vor, wie du die Strategien anwendest. Male es dir möglichst bildhaft aus: Wie du deine negativen Gedanken erkennst und veränderst. Wie du dich an den Schreibtisch setzt und konzentriert lernst. Stell dir all die Dinge, die für dich besonders wichtig sind, ganz bewusst vor. Beziehe all deine Sinne in die Vorstellung ein: Was siehst du? Was hörst du? Was fühlst du? Riechst du vielleicht auch etwas? Visualisiere dich selbst in deiner Veränderung.
Denke dann an dein nächstes Ziel. Was möchtest du als nächstes in Angriff nehmen? Welchen Schritt wirst du zuerst gehen? Wo bist du? Was tust du? Wie tust du es? Stell dir vor, wie du dein Ziel erreichst. Was ist dann anders? Wie fühlst du dich jetzt?

Öffne die Augen und komme langsam in die aktuelle Situation zurück. Wie geht es dir? Beginne nun deinen Weg, deinen neuen Weg, weiterzugehen.

Prüfungsangst bewältigen – Zu guter Letzt

Deine Vergangenheit bestimmt nicht deine Zukunft. Jeden Tag triffst du Entscheidungen, um deine Zukunft selbst zu bestimmen. Es spielt keine Rolle, woher deine Prüfungsangst kommt und wie stark du sie erlebst: Entscheide dich, die Prüfungsangst zu überwinden, dich nicht mehr von ihr einschränken zu lassen. Du hast mit der Lektüre dieses Ratgebers Strategien erworben, die dir wirksam dabei helfen können, sie zu bewältigen. Lass dich nicht entmutigen, wenn die ersten Erfolge klein sind. Wenn du im Training bleibst und dir deine Ziele immer wieder vor Augen führst, wirst du deine Prüfungsangst meistern!

Vermeide die Auseinandersetzung nicht länger. Angst ist ein Gefühl, sie kommt, aber sie geht auch wieder vorüber.

Auf diesem Wege wünsche ich dir ein zufriedenes Leben. Denk daran, dass du wertvoll bist. Sorge für dich und deine Bedürfnisse.

Irene Warnecke

Literaturverzeichnis

Bandura, A. (1977). Self-Efficacy: Toward a Unifying Theory of Behavioral Change. Psychological Review, 84 (2), 191–215.

Barbuto, J. E. & Scholl, R. W. (1998). Motivation Sources Inventory: Development and Validation of New Scales to Measure an Integrative Taxonomy of Motivation. Psychological Reports, 82 (3), 1011–1022.

Beck, A. T. (1979). Cognitive Therapy and the Emotional Disorders. New York: Plume.

Brohm, M. (2016). Motiviert studieren. Paderborn: Ferdinand Schöningh.

Brown, J. D. & Dutton, K. A. (1995). The thrill of victory, the complexity of self-defeat: Self-esteem and people's emotional reactions to success and failure. Journal of Personality and Social Psychology, 68, 712-722.

Buzan, T. & Buzan, B. (2013). Das Mind-Map-Buch: Die beste Methode zur Steigerung Ihres geistigen Potenzials. München: mvg-Verlag.

Compact Redaktion (2009). Das große Buch der Lerntechniken. München: Compact Verlag.

Ellis, A. (1974). Humanistic Psychotherapy. The rational-emotive approach. New York: McGraw-Hill.

Hanin, Y. L. (1997). Emotions and athletic performance: Individual zones of optimal functioning model. European Yearbook of Sport Psychology, 1, 29-72.

Hanin, Y. L. (2000). Emotions in sport. Champaign: Human Kinetics.

Holmes, E. A. & Mathews, A. (2005). Mental Imagery and Emotion: A Special Relationship? Emotion, 5 (4), 489-497.

Jacobson, E. (1938). Progressive relaxation. Chicago: University of Chicago Press.

Merton, R. K. (1948). The self-fulfilling prophecy. The Antioch Review, 8 (2), 193–210.

Potreck-Rose, F. (2006). Von der Freude den Selbstwert zu stärken. Stuttgart: Klett-Cotta.

Robinson, F. P. (1946). Effective Study. New York: Harper & Row.

Selye, H. (1953). Einführung in die Lehre vom Adaptationssyndrom. Stuttgart: Thieme.

Stangier, U., Heidenreich, T. & Peitz, M. (2009). Soziale Phobien. Weinheim: Beltz.

Thich Nhat Hanh (2009). Das Wunder der Achtsamkeit: Einführung in die Meditation. Bielefeld: Theseus.

Weisweiler, S., Dirscherl, B. & Braumandl, I. (2013). Zeit- und Selbstmanagement. Ein Trainingsmanual – Module, Methoden, Materialien für Training und Coaching. Heidelberg: Springer.

Wilken, B. (2015). Methoden der Kognitiven Umstrukturierung. Ein Leitfaden für die psychotherapeutische Praxis. 7.Auflage. Stuttgart: Kohlhammer.

Young, J. E. & Klosko, J. S. (2006). Sein Leben neu erfinden: Wie Sie Lebensfallen meistern. Paderborn: Junfermann.